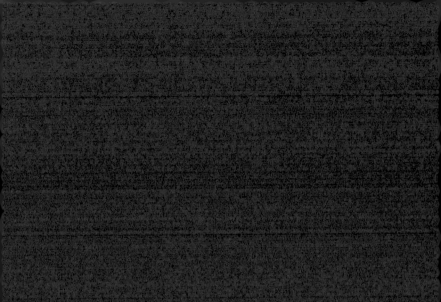

飛び込み授業から考える

教師の力の磨き方

渡辺道治
Michiharu Watanabe

東洋館出版社

はじめに

「子どもたちの目の色がちがいました」

「普段ほとんど前に出ることがないあの子がこれだけ活躍するなんて」

「翌日から先生方の授業に大きな変化が生まれました」

「学校全体が大きく変わっていきそうです」

飛び込み授業を終えた後、各地の先生方からこのようなコメントが続々と寄せられています。

授業研究の場として以前より存在していた「飛び込み授業」。最近はその話はほとんど聞かなくなり、全国的に見ても実施回数は激減していると言えます。背景には、「一斉授業」というスタイルから様々な形で脱却を図ろうとしている状況が影響していることが窺えます。

自由進度学習、個別最適化、ＰＢＬ、『学び合い』…。時代の波に合わせた新たな学びのあり方を創造していこうとしている変革期（過渡期）において、一斉授業の研究にはスポットが当たりにくくなってきている向きが現代には存在します。

一方で、多くの学校では今でも一斉授業が学習の中核をなしています。どれだけ学習のスタイルやあり方を変革していこうと努めていたとしても、依然として日本全国の学級には1人の先生に対して数十人の子どもたちがいる状況にあり、人数の若干の変動こそあるかもしれませんが、この仕組みはまだしばらく変わっていかないでしょう。たとえば10年後に、1クラスの人数が10人以下になるような未来は、今の段階ではほとんど想像することができません。

「一」対「多数」の状況下において集団を動かしたり、全員が熱中する場をつくったり、それぞれの時間差を吸収しながら1時間の授業を行うことには、一定の「技」が必要です。そして、この「技」を体得していないがために、授業が成立しなかったり、クラスが荒れたりしている状況は、現代にもなお、厳然と存在します。そして、その技を体得したり磨いたりすることをせずに、変革期にある新たな学びを取り入れようとして、難しい状況が生まれていることもよく見聞きします。いわば、教師としての基本を身につけることなく、応用や発展の課題にばかり取り組んでいるような状況です。

その一斉授業における授業技術や教材の扱い方などを、極限まで研ぎ澄まして研究しようとするのが「飛び込み授業」です。初対面でかつ一度きりの授業。普段から紡いできた教師と子どもの関係性が無い中で行う45分の授業には、そこまで磨いてきた教師の様々な力が凝縮されます。そして、それをライブで参観する中で、先生方の中には大きな気づきがもたらされます。「なるほど、こうやって子どもたちとの関係性をつくるのか」「全員を巻き込むにはこのように展開すればいいのか」。

さらに、授業技術だけでなく、教材の扱い方や教師のあり方（ビーイング）などがかけ合わさって「授業」は成り立つのだということを、肌で感じることができるのが飛び込み授業の最大のメリットだと言えるでしょう。

変化がより激しくより早くなっている昨今の教育現場において、とりもなおさず大切な「教師としての力」を磨く上で、飛び込み授業という研究の場にはこれから先も大きな価値があると私は考えています。

おそらく、私は現在日本中の教師の中で一番飛び込み授業を実施している教師です。全国各地で飛び込み授業を実施してきた体験の中から得た学びを通して、時代が変わっても変わらず大切な価値として残り続ける「教師の力」とは何かということを、本書を通して解き明かしていきたいと考えています。

目次

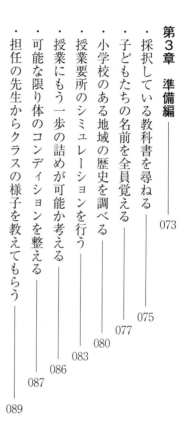

1

飛び込み授業とは

01

飛び込み授業とは

「飛び込み授業」とは、教員の世界において限定的に使われることが多い言葉です。教員でない人の多くが「机間巡視」と聞いても意味がわからず首をかしげるように、広く一般的に使われる言葉ではありません。

ある年の冬ごろ、教員ではない私の知り合いと話しているときに「飛び込み授業」という単語を私が会話の中で不意に使ったところ、「今の季節に水泳を教えているんですか？」と不思議そうに尋ねられたことがありました（笑）。

「飛び込み」が指すのは、当然水泳ではなく「いきなり」や「初対面」などの意味です。サラリーマンの「飛び込み営業」が、言葉の使い方としては近いでしょう。

「面識のない先生がある日突然教室にやってきて行う授業」、これが飛び込み授業です。人によっては「飛び入り授業」と表現する方もいますが、どちらも意味は同じです。

もちろん、教師の側からすれば「○○学校の○年○組に授業する」ことはあらかじめわかっているわけですが、子どもたちの側からすれば「初対面の先生が突如現れる」わけです。

自分の勤務する学校内でも飛び込み授業は成立しないこともないのですが、「初対面」という意味合いが強いことからも、多くは自分の勤務校以外の学校で授業をする際に使われる言葉だと言えるでしょう。

この飛び込み授業の文化がいつごろから教員の世界の中にもたらされたのか。

私の知る限り、最も古い文献では芦田恵之助の全集にその記述があります。

恵之助の著作の中では「授業行脚」という表現が為されていますが、各地の学校で初対面の子どもたちに授業を行った実践は、まさに飛び込み授業です。

その様子が記されている部分を抜粋します。


十八日は宇和島の尋常高等小学校で壇に立ちました。宇和島市は私にとつて比較的知人の多い所ですが、それも視学委員として壇に立つとなると、四面楚歌の声の感がないでもありませんでした。郡部の山間部に一校、平坦部に一校、海浜部に一校といふ風にまはるのならば、よしある一校に失敗しても、その波動の及ぶ範囲は狭いのですが、宇和島市の今日一日をしくじったらその影響は市全体に及んで、今後の三日を不快の中に暮らさねばならないことを思ふと、あさましい対立観が念頭をかすめるやうにも思ひました。しかし、この一念が常

に破綻の緒を作ることを痛感している私は、十分に警戒して壇に立ちました。

尋五の「石安工場」の案を入念に立てて、壇に立ちましたが、意外児童は私に対して、多年の知人をむかへるような態度でした。問答の間に寸分の隙もないやうな緊張味を見ました。私はむやみにうれしくなりました。室内の空気が明るくなってきました。児童も何物にか魅せられたように、美しい活動を続けました。さうして時を超越して、教授を終わりました。知人が後に語った、「あなたの石安工場の取り扱いを幾回も見たが、宇和島尋高でのに及ぶものがない」と。私も「あの時のやうなよい気分になつたことがない。」と話しました。今もあの学級の活動を思い浮かべては、微笑することがあります。

（中略）

二十日は第二小学校で、尋四の「安倍川の義夫」と尋六の「北海道」を取扱ひました。「安倍川の義夫」はどうにかまとまりましたが、「北海道」は明らかに失敗しました。一札幌、二狩勝の展望、三十勝平原を概観させて、北海道といふ漢字をまとめさせたいと企てたのが失敗かと思ひます。私はかつて山形県の廣瀬で、一札幌だけを引離して取扱って、ひどい失敗をしたことがあります。それにかんがみて、全体を取扱いましたがまた失敗しました。しかし今回の失敗は前の失敗に比して、本質的でなく、工夫の足らない点にあると思ひました。もし今後適当な機会があったら、再び外観からはいつてみようと思ひます。

――『芦田恵之助国語教育全集』

明治大正昭和と3つの時代を通じて教壇行脚を続け、その授業は神技とも評された芦田恵之助にしても、飛び込み授業においては相当な紆余曲折があったことが伝わってきます。

「明らかに失敗」や「また失敗しました」と描写されている点からも、初対面の児童に対して授業を行うことがいかに不安定で難しいことであるかがわかります。

また昭和を代表する教育者、東井義雄の著作集にもその言葉の登場があります。

ところが、学級担任でない者が授業に行って、一番はじめに感じたことは、「授業は、授業からはじまるのではない」ということであった。私は、各地で何べんかやった「とび入り授業」の失敗の苦い経験を改めて思い出さずにおれなかった。それと共に、学級担任を離れた身分で授業をしなければならない専科の先生の苦労というものに、はじめて気づかされた。教科担任制でやっている中学の先生の苦労も「なるほど」と、うなずける気がしてきた。

『東井義雄著作集』

戦後の教育者として名高い東井義雄も、飛び込み授業を「各地で何べんかやった」と記しています。

そして、それを「失敗」や「苦い経験」と描写していることからも、飛び込み授業の難しさを彼が感じていた様子が窺えます。

その難しさの根幹は、「授業の前にも授業がある」からだと著作集の中で述べていました。

1時間の授業は1時間の授業である。しかし、その1時間は、それ以前の幾時間も幾時間もの授業の成果の上に展開される1時間である。

同『東井義雄著作集』

初対面でいきなり行う授業は、子どもたちとの事前の「関係性」がありません。

そして、その子たちがどのような学びを修めてきたのかという「授業の前の授業」を知ることもできません。

そうした限定的な条件下において行う授業が、これまでに教員の授業研究の一つの方法として残されてきた背景があります。

日頃、先生方が教室で行っている授業とは条件が相当異なるのは言うまでもありません。

それでも、この飛び込み授業という文化の火は未だ消えずに残っています。

コロナ禍のまっただ中にあった２０２２年においても、私は日本各地（北海道、群馬、愛知、大阪、高知など）で飛び込み授業を行いました。

なぜ、局面を限定した特異な授業研究の方法が現代でも尚実施され続けているのか。

そのことへの素朴な疑問が、本書を記すきっかけとなりました。

飛び込み授業の実際

（購入者特典として、実際の授業を視聴できます。詳細は、巻末のｐ．１６７を参照してください）

それではまず、実際に飛び込み授業で行った実践を紹介していきましょう。今回紹介するのは、２０２２年２月３日に大阪で行った授業です。初対面の子どもたちと教師が出会った場面を想像しながら、小学5年生に戻ったつもりで読み進めてみて下さい。

世の中にはたくさんの人々が暮らしています。
それを大きく二つに分けるとしたら、どんな風に分けられますか？

（数人指名。「男女」や、「大人と子ども」などが出てくる）

今意見にあったように、たとえば大人と子どもという分け方がありますね。
では、大人とはちがう、「子どもの特徴」って、一体何がありますか。
ノートに思いつく限り書いてごらんなさい。

（ノートに次々と書かせ、『3つ書けた子から立って発表してごらんなさい』と指名なしで発表させていく。ある程度発表が尽きたところで次に進む）

体が小さい　力が弱い
仕事がない　学校に行く
できないことが多い
知らないことが多い
よく泣く　よく動く　よく怒られる
年齢が低い　お酒が飲めない
ゲームが好き　膝が痛くならない

子ども

みんなと同じ小学生に、同じことを尋ねると次のような意見が出てきました。

（順番に表示された「体が小さい」「力が弱い」などを、一つひとつ教師が読み上げていく。なお、最後の『膝が痛くならない』と答えた子は、いつもお父さんが「膝が痛い」と言っていたためにこの特徴を発表したそう）

これって、ひっくり返したら、「大人の特徴」になるはずだよね？　たとえば、「体が小さい」の反対は？（体が大きい）そんな風に、ひっくり返してみんなで言ってみよう「力が？」（強い）「仕事が？」（ある）

※以下、すべて教師とクラス全体の応答で最後までひっくり返して読んでいく。

今、ひっくり返した大人の特徴で「何かおかしい」と思ったものはある？

（挙手させて発表させていく。「大人でもゲームが好きな人がいる」「大人でも怒られる人はいる」などの意見が出る）

※5人ほど意見を聞いたところで大いに褒めて認めつつ、次のようにつなげる。

こうやってみると、大人と子どもの分け方って少し難しそうですね。どうやったら子どもと大人ってシンプルに分けられると思う？　画面の中で言うと……（「年齢」という意見が出る）

年齢ね、じゃ、何歳から大人なの？

●「18歳?」「20歳」

実はね、大人になる、「成人年齢」っていうのは、国によってちがいます。16歳で成人のところもあれば、21歳というところもあって、州や性別によってちがう所もあります。世界にはおよそ200の国があるけど、成人年齢としては何歳が最も多いと思う?

世界各国・地域の成人年齢			
16歳		20歳	
17歳		21歳	
18歳		週ごと	
19歳		性別	

※2008年法務省の調査から

(口々に言わせる)

じゃ、答えを見せてあげますね。

世界各国・地域の成人年齢			
16歳	1	20歳	7
17歳	1	21歳	35
18歳	137	週ごと	3
19歳	1	性別	1

※2008年法務省の調査から

最も多いのは、18歳で137か国もあります。

ちなみにこのデータは約10年前のものなんだけど、そのとき日本は何歳が成人年齢だったと思う?(子どもたち口々に言う)

そう、そのときは20歳が成人年齢だったんだけど、今はどう

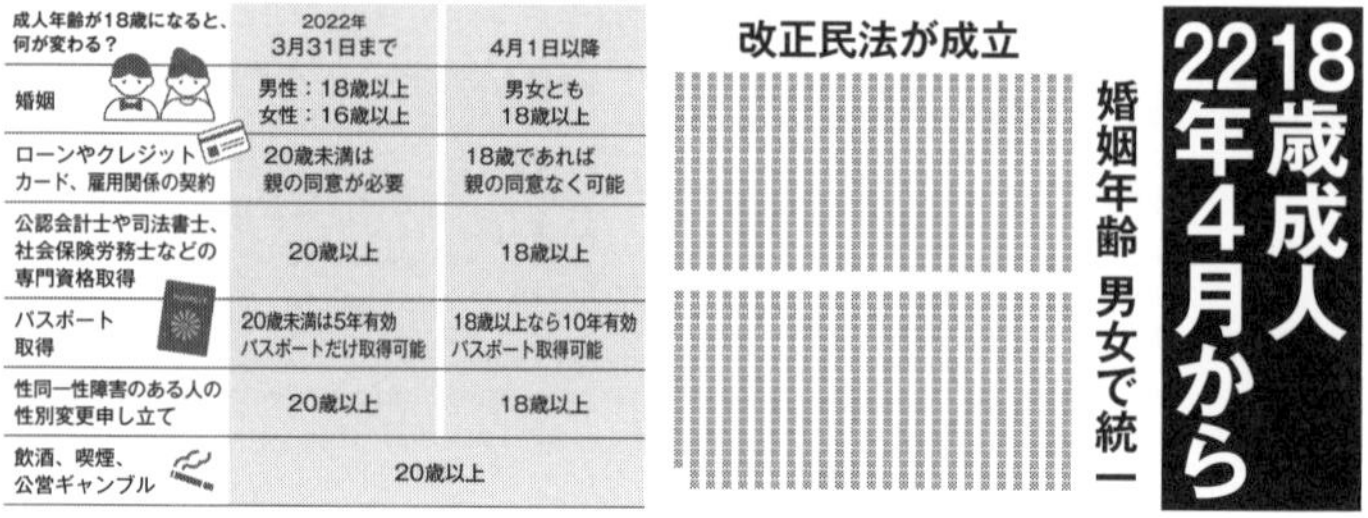

18歳成人 22年4月から

婚姻年齢 男女で統一

改正民法が成立

成人年齢が18歳になると、何が変わる？	2022年 3月31日まで	4月1日以降
婚姻	男性：18歳以上 女性：16歳以上	男女とも 18歳以上
ローンやクレジットカード、雇用関係の契約	20歳未満は 親の同意が必要	18歳であれば 親の同意なく可能
公認会計士や司法書士、社会保険労務士などの専門資格取得	20歳以上	18歳以上
パスポート取得	20歳未満は5年有効 パスポートだけ取得可能	18歳以上なら10年有効 パスポート取得可能
性同一性障害のある人の性別変更申し立て	20歳以上	18歳以上
飲酒、喫煙、公営ギャンブル	20歳以上	

なっているんでしょう。

（再び子どもたちが口々に言う。知っている子たちがいるならば、「ちゃんと社会の動きを知っていますね」と認めた上で次に進む）

そう、実は法律が変わったんです。

去年、２０２２年の4月から「18歳から成人」ということに法律が変わりました。

それによって何が変わったかと言うとたとえば、仕事に関するいろんな契約や資格を取ることが、18歳からできるようになりました。

海外に行くためのパスポートも、長い期間のものを取ることができます。

でも、お酒は20歳までは飲めません。

こんな風に、法律が変わっても18歳からできることとできな

いことがあるんですね。

さて、法律が変わったので、今まで20歳で行っていた成人式という儀式も変わりました。

去年8月、宮崎県の美郷町《みさとちょう》という所で行われた成人式の様子です。この式に参加したお兄さんやお姉さんは、全員高校3年生。まだ、全員学校に通っています。法律が変わったので、仕事に関する契約や資格が取りやすくなりました。でも、お酒が飲めなかったり、色々まだできないこともあります。

では、みんなに質問です。

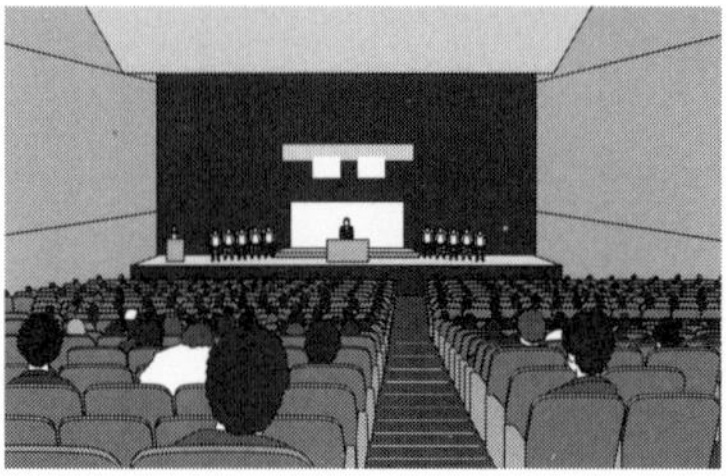

18歳で成人式に参加した、この高校生のお兄さんやお姉さんは、大人だと思いますか。

それとも子どもだと思いますか。

手を挙げますよ。大人だと思う人。子どもだと思う人。近くの人となぜそう思うのか、話し合ってみましょう。

（1分ほど話し合わせたのち、大人派の意見と子ども派の意見を数人指名して発表させる。その上で、次に進む）

今は、法律が変わった後の成人式だったんだけど、法律が変わる前の成人式も見てみましょうか。

成人式は、こんな大きなホールを使って行うことが多いです。

ここで、町長さんや市長さんなど、街の代表の人たちが新しく成人になった人たちにお祝いの言葉を贈ったりするんですね。

その法律が変わる前の去年の成人式で、こんなことがありま

成人式
新成人10数人がステージに上がり騒ぐ

した。（若干の間）

新しく成人になった20歳の人たちが、派手な衣装を着て式典中にステージに上がり、騒ぎ始めたのです。

主催者の人たちは当然注意をします。「席に戻りなさい！」「あなたたち、成人になったんでしょ！」。それでも新成人たちは注意を聞かず、会場からつまみ出されることになりました。

それだけではありません。こんなことが起きてしまった会場もあります。

（暴走行為をして、パトカーから追われる新成人たちの映像が流れる）

「成人式の日なので地元の人も大目に
見てくれるだろうと甘い考えを持って参加した」

（映像が流れ終わってから）成人式を終えた直後に、このように暴走行為をしてしまったんです。もちろん、明確な法律違反です。この成人たちは、成人式の直後に何と20人以上が逮捕されることになってしまいました。警察に捕まった後、「いったいなぜこんなことをしたのか」と尋ねると、次のように答えたそうです。

「成人式の日なので地元の人も大目に見てくれるだろうと甘い考えをもって参加した」

この暴走行為を働いた人たちは、れっきとした20歳です。もちろん、お酒も飲めます。未成年にはできなかったことが、すべてできるようになる年齢です。

みなさんは、この逮捕された成人たちのことを大人だと思いますか？　子どもだと思いますか？

「大人になる」とは
どういうこと？
「成人式の日なので地元の人も大目に
見てくれるだろうと甘い考えを持って参加した」

（近くの人と相談させ、また、大人派と子ども派を数人指名して答えさせる）

こうしてみてみると、どうも年齢だけでは「大人か子どもか」を判断することは難しそうですね。

「大人になる」ってどういうことなんでしょうね。

このことを深く考えるために、もう少しいろんな「大人」を見て考えていくことにしましょう。

（若干の間）

成人年齢の引き下げは、去年の大きなニュースでした。

他にも、２０２２年には大きなニュースがありましたね。
たとえば、これがそうです。何のマークかわかりますか？
そう、サッカーのワールドカップが昨年開催されました。

出場していた日本代表の監督やメンバーです。後で別のスライドで出てくるかもしれないので、ちょっと全員の顔を見てざっと覚えてください。
ちなみに、この日本代表のメンバーや監督は、大人ですか？子どもですか？（全員が「大人」と答える）
さて、ワールドカップは4年に一度行われるので、先生がみんなと同じ小学校５年生の頃にもワールドカップが開催されていました。

今からおよそ30年前のアメリカ大会です。
そのときの日本代表の写真も持ってきたので見てみましょう。
どこかに見覚えのある顔はいませんか？

そう、２０２２年のワールドカップで監督を務めた森保監督は、約30年前はプレーヤーとしてワールドカップに臨んでいたんです。

しかし、その年の日本は、ワールドカップまであと1試合というところで惜しくも出場を逃すことになりました。

肩を落とし、うずくまり、涙を流す選手たち。

あまりの悔しさから、この年の出来事は「ドーハの悲劇」と呼ばれています。みんなで言ってみましょう、さんはい。

（ドーハの悲劇）

●ドーハの悲劇

実はこの年だけでなく、日本にとってのワールドカップは涙の歴史とも呼ばれています。

ドーハの悲劇の４年後。
グループリーグ敗退。

そのまた４年後。
ベスト16で敗退。

その４年後。
グループリーグ敗退。

4年後。
ベスト16。
4年後。
グループリーグ敗退。
4年後。
ベスト16。

日本代表の最高成績は、ベスト16です。もちろん、一度も優勝したことがありません。
一つでも上を目指して、ベスト8という過去最高の成績を目標に一丸となってがんばり続けてきたんですね。

さて、先ほど出ていた「子どもの特徴」の中に「よく泣く」というのがありました。

日本代表のメンバーは、ワールドカップの度に大泣きしています。泣き崩れています。

涙を流し続けている日本代表のメンバーをあなたは大人だと思いますか？　子どもだと思いますか？

（挙手で確認する。あえてペアトークはさせず、次に進む）

さて、今回のワールドカップを振り返りましょう。日本の相手は、スペインとコスタリカとドイツでした。

この中でも、スペインとドイツはワールドカップでチャンピオンになったことがあるほどのものすごく強い国です。

1試合目の日本の相手はドイツでした。何とワールドカップで3回も優勝したことがあります。

日本は一度も勝ったことがありません。

そのドイツに日本は何と、勝ったんです。
この快挙に日本中が大喜び。
今年こそいけるぞ日本！　という雰囲気になったんです。

続く2試合目の相手はコスタリカ。

あの強敵ドイツに勝ったんだから、コスタリカには勝てるだろうと多くの人が思っていました。

しかし、この試合で何と日本は破れてしまうんですね。

この翌日の新聞記事を持ってきました。

「大誤算」

「ドイツに勝ったのにコスタリカに負けるなんて…」

厳しい言葉が新聞を埋め尽くしました。

それだけではありません。インターネットやSNSを中心に、次のような言葉が吹き荒れました。


「無能監督」「戦犯」「下手くそ」

「スタメンから外れろ」「何回ミスすれば気が済むんだ」

日本代表はわずか1試合負けただけで、袋叩き状態にされてしまったんです。

あまりのひどい言われように、選手の一人は次のように話しました。

「コスタリカに負けていろんな選手がいろいろ言われてるのを見て、正直腹が立ちました」

「同じ国民なのになぜ一緒に戦ってくれないんだと思いました」

　この袋叩きにしたコメントを出した人たちは、世間では「大人」と言われている人たちです。

　たった1試合に負けただけで、無能監督、下手くそ、などと袋叩きにした人たちのことを、あなたは大人だと思いますか？　子どもだと思いますか？

（挙手で確認する。ここもあえてペアトークはさせず、次に進む）

袋叩きにされた日本代表でしたが、選手たちは、あきらめませんでした。

次の試合は、これまたワールドカップでチャンピオンになったことのある強豪、スペインです。

日本はこの試合に、何と再び勝利を収めます。

再び日本中が大騒ぎとなりました。翌日の新聞記事です。

「世界の伝説へ」「もう奇跡じゃない」「世界に勝った」「ブラボー16強」

喜ばしい言葉が、ずらりと並びました。もちろんインターネットにも、です。

前の袋叩きがまるでなかったかのように、日本中が大喜びの大騒ぎとなりました。

（複雑そうな表情を浮かべている子にここで指名して感想を聞いた。『あんなに叩いていたくせに、何だか手の平返しみたい

な感じがします』）

そして、いよいよ日本代表は、あと1つ勝てば新記録となるベスト8というところまできました。

続く試合は、クロアチアです。

この試合、どのようになったか知っている人もいるでしょう。試合は、1－1の同点のまま、決着がつかず、最後のＰＫ戦にもつれ込みました。

そのときの日本代表の様子を持ってきました。

（実際の試合の写真をスライドショー形式で見せながら教師が語りで補足をしていく）

引き分けのままＰＫ戦へ。チームのメンバーは、お互いに声をかけ合いました。（ＰＫ前の音声が流れる）声をかけ合い、必死の思いで臨んだＰＫ戦。しかし、惜しくもここで日本は破れました。

ベスト8の夢は、再び叶いませんでした。再び涙を流すメンバーに、監督は何と声をかけたのでしょう。

「この悔しさを胸に刻もう」

「みんなが新しい景色を目指していけば必ず歴史が変わる」

「サッカーファミリー、日本国民の皆さんに感謝しながら、胸を張ってまた次に向かおう」

（監督の声が流れる）

この後は、テレビで流れていないシーンです。

この後選手たちは、ロッカールームという所に引き返してきます。

そこでも、多くの選手が泣き崩れていました。

この映像では声はほとんど聞こえません。どんな言葉を交わしているのか、想像してみましょう。

（涙を流す選手たちを抱きしめながら励ましの言葉をかけ続け

る監督の映像が流れる）

こうやって一人ひとりに、監督は声をかけました。

（しばらくまた映像が流れ、監督が廊下を歩いてグラウンドに向かっていくシーンで教師が語りを入れ始める）

無能監督と言われ、わずか1試合に敗れてはひどい言葉を浴びせかけられ、たくさんの悔し涙を流し続けたワールドカップ。試合を終えて、森保監督はもう一度一人でグラウンドに行きました。

（映像が止まる。ここで森保監督の画像はそのまま）

選手の頃も監督になってからも、何度も何度も悔しい思いを重ねてきたそのグラウンドに向かって、森保監督は最後、深く息を吸い込んでから次のようにしてワールドカップを後にしたそうです。

（一呼吸おく。監督のお辞儀の写真を見ながら、3秒ほど間をとる。その後ゆっくり次のように指示を出す）

「大人になる」ってどういうことなんでしょう。
自分の考えを、ノートに一行で書いてみましょう。

（ノートに「〜〜〜のような人」と端的に書かせ教師の所に持って来させる。その意見を一つひとつ褒め、黒板に縦書きで次々と書かせていく。書き終わった子から席に戻り、一行で端的に書いた意見の理由をその下に長く書かせていく。子どもたちの「大人像」が豊かに浮かび上がってくる大切なシーン。大いに驚き、認め、子どもたちの気づきを称えたい所。また、端的に考えを一行で書く学習活動と、その考えの根拠の部分を可能な限り長く書いていく学習活動、その両方が機能するようにノートチェックをしながら全体にも励ましの声をかけつつ、動きを活性化させていく。黒板にずらりと意見が並んだところで、次のように声をかける）

みんなの意見、どれもとても素晴らしかったです。

今、理由を長く書いている人がいるんだけど、また後で書かせてあげるから、そーっと鉛筆を置きましょう。

（全員の鉛筆が置いたのを確認してから次のスライドへ）

今、いろんな大人をみてきたけど、この「大人」っていう言葉は、人間にだけ使うものではありませんね。

たとえば、「大人の味」という言葉があります。

これは「味」に対して「大人」という表現をしていますね。

それ以外にも、「大人っぽい作品」のように、作品に対して使うときもあれば、「大人の雰囲気」や「ちょっと子どもっぽいよね」のように印象や雰囲気にも使ったりします。

では、ここからは人間だけではない「作品」を通して、大人とは何か、もう少しだけ考えてみましょう。

●天才バカボン

今日は、先生のお気に入りの作品を持ってきました。
天才バカボン、知っている人?

(挙手させる)

このタイトルと絵だけを見て、この作品、大人っぽいと思う?
子どもっぽいと思う?

(同じく挙手で確認。大多数が「子どもっぽい」と答える)

題名と絵だけでは、中身が大きくちがうということもありますからね。今日は特別に中身も持ってきたので見てみましょうか。

（バカボンとバカボンのパパのセリフをできるだけユーモラスに読み聞かせていく。舞台はお正月の自宅）

中身を一通り読んだのでもう一度聞きますね。
大人っぽい？　子どもっぽい？

（同じく挙手で確認。再び大多数が「子どもっぽい」へ挙手）

ちなみに、バカボンの作者の名前は赤塚不二夫さんと言います。

作品が子どもっぽかったとしても、作者はぜんぜんちがってグッと知的な雰囲気ということもありますからね。

それでは、作者を見てみましょう。

作者の、赤塚不二夫さんです。

赤塚さんは、年がら年中ギャグばかりしている人でした。常に、バカなことをして人を笑わせることばかり考えていたそう

です。自宅に誰かが遊びに来てはおかしな格好をして踊りはじめたり、仕事でもプライベートでも関係なく、いつもギャグばかりしていたそうです。

では改めて聞きます。作者の赤塚不二夫さん、「大人」っぽい？「子ども」っぽい？

（挙手で確認し、特に発表はさせずに次に進む）

赤塚さんには、一人娘がいます。名前をりえ子さんと言います。

りえ子さんは、小さいころからお父さんやお母さんの愛情をたっぷり受けながらすくすくと育ちました。

お父さんが変なことばかりするのはとても恥ずかしいときもあったけど、それでも、いつも笑いの絶えない家族とのひと時がりえ子さんは大好きだったそうです。

（無言で写真を見せ続けていく）

そんなりえ子さんを…

２００８年7月30日、大きな悲しみが襲います。

お母さんの登茂子さんが亡くなられたのです。

りえ子さんは、当時のことを次のように振り返っています。

酸素、心拍数、血圧、複数のアラームがけたたましく鳴り始めた。

「ママー！　逝かないでーー！　ママー！」

私は泣き叫ばずにはいられなかった。

そして、その僅か3日後のことでした。お母さんのお葬式の準備をしていたりえ子さんをさらなる悲劇が襲います。

2008年8月2日 父 不二夫 永眠

お父さんの不二夫さんも、亡くなられてしまったのです。
りえ子さんは、慌てて病室に駆けつけました。

「パパ愛してるよっ！」

「パパ愛してるよっ！」

グシャグシャになって、手を握りしめ何度も言った。

徐々に血圧・心拍数が落ちてとうとうゼロになり、機械のアラームが鳴った。

「パパーーー！！」

「逝かないでーーーー！！」

私は泣き叫び続けた。


りえ子さんは、わずか3日の間に、お父さんもお母さんも亡くしてしまったのです。

（バック暗転、一呼吸間をおいてからスライドをクリックして一行ずつ読んでいく）

泣いた……毎日泣き続けた……

口から内臓が全部出てしまうかと思うくらい泣いた。

ふたりが逝って、わたしは生きる気力も体力もなくなっていた。

どこまでも深く、どこまでも透明な「悲しみ」。

わたしは、悲しみのどん底まで落ちていった。

悲しみのどん底で、毎日泣きながら暮らすりえ子さん。

そんな絶望状態のりえ子さんが、ある日、ふとした出来事から笑顔を取り戻したんだそうです。

（ほんのわずかだけ間を取ってから）

一体、何があったんだと思いますか？

（ここはクラスの誰かが「お父さんの作品を読んだんではないか」と、気づくまでじっくり待つ。それが出てきてから次のように繋げる）

そうなんです。お父さんの遺影の近くに置いてあったお父さんの作品をりえ子さんはふと読んでみたそうです。

（薄くＢＧＭがかかり始める）

そして、その作品を読んでいるうちに、思わず笑ってしまったんだそうです。

読みながら笑って、笑いながらまた泣いて。

りえ子さんは、そんな風にお父さんの作品を改めて読んで、

次のように思ったそうです。

なんてくだらないんだろう。

父は、こんなくだらないものを命がけで書いていた。

自分の漫画を読んだ人たちへ「笑い」を届けるために。心が落ち込んだ人たちに、元気になってもらうために。

赤塚不二夫が生み出した、たくさんのキャラクター。

バカボンのパパが、レレレのおじさんが、みんなで「落ち込んでいた自分」を笑わせてくれた。

「りえ子さん、笑って」と、励ましてくれた。

父がやってきた仕事は、こんなにも落ち込んでいる自分でさえも笑顔にすることができる。

なんてすごい仕事をしていたのだろう…。

父は、多くの人たちに、「生きるエネルギー」を与えていた。

りえ子さんは、この日から立ち直りました。
そして、次の目標を決めました。
「このキャラクターたちを、守っていこう」
りえ子さんは、今、お父さんの不二夫さんが生み出したキャラクターを多くの人たちに届けるお仕事をしています。

赤塚不二夫さんは、「笑い」について、次のように語っていました。

（一行ずつクリックして表示させた文章を読み上げていく）

笑いは人を幸せにする。
だから、この世で一番大切なんだ。
人を笑わせ、幸せにするために、
自分のこだわりを捨てて
率先してバカになる。

あらゆる人を、いつ何時も許す。

だから立派な「バカ」になるためには、毎日の心がけと努力が必要なんだよ。

赤塚さんの生み出した「バカボンのパパ」というキャラクターには、有名なセリフがあります。

「これでいいのだ」

そして、同じコマの左側には、こんなセリフも載っていましたよ。

「わしは　みんなの　しあわせをねがっているのだ」

（ひと呼吸おく）

今日は、色んな「大人」を見てきました。

大人になるって、どういうことなんでしょう。

（ここで授業を終え、先ほど中断させていた感想文の続きを書かせる。その間、ＢＧＭはずっと薄くリピートでかかり続ける状態をキープ。教師は極力その間声を発さない。子どもたちの内から湧き上がってくる気づきを邪魔しないために）

※購入者特典として、実際の授業を視聴できます。詳細は、巻末のp.１６７を参照してください

○飛び込み授業を通して参観者が得るもの

参観者たちがこうした飛び込み授業を見て得る学びは、大きく3つあると考えます。

①子どもたちとの関係を構築していく実際の過程を知ることができる
②教育技術や教材の価値をクリアに見ることができる
③即興力や対応力などをライブで学ぶことができる

順に見ていきます。

①子どもたちとの関係を構築していく実際の過程を知ることができる

飛び込み授業は初対面の子どもと行うものなので、授業者と子どもの間に事前に紡がれた関係性はありません。

では、そうした互いの関係性などはまったくつくられることなく授業が展開されていくかというと、決してそういうわけではないのです。

たとえば、あなたが初対面の人と何かのきっかけで言葉を交わすことになったとします。

最初は、おそらく何らかの挨拶から会話が始まりますよね。

「はじめまして」「こんにちは」「お会いできてうれしいです」などのように。

そして、自分の簡単な紹介を行ったりもすることでしょう。

「○○学校で○年生を担任している～～と言います」などのように。

そうやって、一言二言交わしている間にも、あなたは無意識にいろんなことを感じ取っているはずです。

「笑顔の素敵な方だな」

「あ、結構派手なネクタイ」

「大体自分と同じ年齢くらいかな」

「なんだか芸能人の○○に顔が似ている」

「ハキハキとしゃべっていて自分に自信がありそう」

そうやって出会った刹那にもどんどん関係は構築されていきます。

飛び込み授業でも、教師と子どもたちとの関係はその場で即興的につくられていきます。

それこそ、子どもたちからすれば見たことのない先生が現れるわけですから「どんな先生なのか」というセンサーの感度はいつもよりも研ぎ澄まされています。

先述の、東井義雄が述べた「授業の前にも授業がある」という言葉は、この関係構築の大切さを伝えているものであると私は解釈しています。

飛び込み授業は、その「授業の前の授業」がないから難しいのです。

その極めて限定的な状況の中で、授業をしながらわずかな時間の中で関係をつくっていくことが必要ということです。

私の飛び込み授業を見に来られた先生方は、異口同音に次のことを話します。

「授業に入る前のちょっとしたやりとりがとても勉強になりました」

「ああやって子どもたちと関係をつくっていくんですね」

授業をするために会場に入り、チャイムが鳴るまでのわずか数分間のやりとりの間にも、子どもたちとの関係はどんどん構築されていきます。

飛び込み授業では、こうした刹那の関係構築力とその過程が見られるのが一つの特徴だと言えるでしょう。

②教育技術や教材の価値をクリアに見ることができる

この原稿を書いている2023年6月8日、私は勤務校にて公開授業を行いました。普段から担任しているクラスですから、当然飛び込み授業ではありません。

その授業には、同僚だけでなく、県外から教育財団の方、教員、大学生、さらにクラスの保護者の方々も参観に来られました。

授業後、参観に来られた方々と懇談する中で面白い質問がありました。

「今回の授業を成立させるために必要な要素としては、たとえば何がどの程度の割合で存在しますか？」

私は次のように答えました。

日頃の学級経営や子どもと紡いだ関係性の果たした力がおよそ50％。
地域の方々など学校以外の方々の協力が30％。
特別支援の対応や場づくりが10％。
教材やコンテンツの力が7％。
教育技術の力が3％。

もちろん、私はその場で感覚的にこの数値を述べていったのですが、その方は深くうなずきながら聞いてくださいました。

普段の子どもたちとの関係性や学習に向かう上でのチームの土台づくりなど、「日頃の学級経営」が占める割合が最も高いことに納得したのだそうです。

しかし、この会話のラリーだけだと「数字の高い順に重要度も高い」「数値の低いものは重要度も低い」と勘違いされる恐れもあったので、私は次のように補足しました。

「数字が低いから重要ではないということではありません。ある局面においては、特別支援の対応が最も重要な場合がありますし、教育技術がなければ成立し得ないシーンも多々あります。特に、4月のスタート時など、互いの関係や学級経営が軌道に乗っていないときなどは、教育技術や教材のもつ力の果たす役割が自然と大きくなる時期も存在します。

また、数字として小さくとも、その僅かの差が決定的な授業のちがいを生み出すこともあります。今回の授業においても、教育技術の果たした役割はそれほど大きくありませんが、それなしにはやはり今回の授業が成立しませんでした」

教育技術の果たす役割は、どの授業においてもそれほど大きなものではありませんが、ある局面や限定された状況においては絶大な力を発揮することがあります。

たとえば、先述したように飛び込み授業には、「日頃の学級経営を行うこと」も「子どもたちとの関係性をつくっておくこと」もできません。

こうした限定的な場面では、教育技術や教材の果たす価値や効果がクリアに見えるようになります。

多くの授業において重要な役割を果たす「普段からの関係性」が存在しないがために、それ以外の要素の力が自然と際立って見えるようになるのです。

③即興力や対応力などをライブで学ぶことができる

通常の研究授業の学習指導案には、「児童観」がたいてい書かれています。クラスの子どもたちの学習状況、特性、得意さや不得意さなどなど。

抽出した児童の姿を追って研究する場合には、個人の特性や状況についても詳しく記されることがあります。

また、本時の展開の部分には「予想される児童の反応」が書かれることもままあります。

この発問をすると、このような反応が予想される、というものをあらかじめ書いておくわけです。

一方、飛び込み授業では、こうした日頃の学習状況を掴むことや子どもたちの反応を予想することが難しくなります。

自然と、その場で予想もつかない答えや反応が返ってくることが多くなります。

ここで試されるのが、教師の対応力です。

その場その場で瞬間的に考え、咄嗟に決断を下していくことが何度も求められます。

そうした即興的な対応力の妙をライブで見られるのも、飛び込み授業の一つの価値だと言えるでしょう。

初対面同士で創り上げる授業という特異な状況が、いわゆる「筋書きのないドラマ」を生み出しやすくさせるということです。

どんな反応がどこから飛び出してくるかわからないその状況を、私はいつも楽しみながら授業するようにしてきました。

すると、授業後にはたいてい次のような質問や感想が寄せられるのです。

「どうして咄嗟にあんな対応ができたんですか？」

「普段とは子どもたちの姿が全然ちがっていて驚きました」

「長く担任していますが、あの子があんな風に発言するのを初めて見ました」

子どもたちの反応に対する瞬間的で直感的な教師の対応の妙や、それによって引き出される子どもたちの思いもよらないさらなるリアクション。

こうしたことが、45分間の授業の中で次々と起きるのです。

もちろん、この対応力はもって生まれたセンスのような曖昧なものではなく、過去の限りない経験知が影響していることは言うまでもありません。

その経験知の多くは、「こうするとよりよい結果に至りやすい」という一つの成功法則という側面もありますが、「この局面でこの対応だけはしてはいけない」という明確な失敗法則という場合もあります。

過去の様々な授業場面の記憶の蓄積によって「考えるよりも先に体が動く」というようなことが連続的に起きていくイメージです。

そういう意味で、飛び込み授業は、音楽の即興演奏（セッション）にもよく似ているところがあります。

楽譜通りに弾く演奏会というより、その場で感じたままに音を奏で合う即興演奏。

考えて動いていては遅いことすらもまま起きるため、感覚的に体を動かさなくてはならない場面が必ず出てきます。

学校という現場も、日々が応用問題の連続ですから、こうした即興力や対応力を学ぶための装置としても、飛び込み授業が果たす役割は大きいと言えるでしょう。

教材×やり方×あり方

「人間が変わる方法は、次の3つしかない」と言われます。

1つ目は、時間配分を変えること。

「習慣が変われば人格が変わる」という言葉があるように、日々の継続的な習慣が私たちにもたらす影響はたしかに甚大です。

2つ目に、住む場所を変えること。

土地の文化、自然、気候条件など、住環境からもたらされる日常的な刺激とその影響の強さも、また計り知れません。

そして3つ目が、付き合う人を変えること。

「人間は、その人が今までに出会った人の総和である」の言葉もあるように、出会った人から受ける影響の一つひとつが、その人の人格を形成している側面がたしかに存在します。

その証拠に、たった一度の出会いが人生を大きく変えたというエピソードは、世の中に数限りなく溢れています。

それほどに、人が人にもたらす影響は大きいのでしょう。

飛び込み授業は、「わずか45分の出会いの縁」とも言い換えることができます。

その授業前に会うことも、授業後に繋がり続けることも、基本的にはありません。

長い人生においては、本当に「刹那」という言葉がぴったり当てはまるほどの短い短い瞬間的な時間のつながりです。

それでも、その刹那的な時間であったとしても、たった一度の出会いであったとしても、「授業」という営みを通して人は人に何かを伝え、与えることができる。

それは、きっと不可能ではなくて、可能であるだろうという願いにも似た強い考えが、この飛び込み授業という文化を今に残し続けているのではないかと私は考えています。

教育のもつ可能性、人のもつ可能性を、飛び込み授業というあえて難しい状況を創り出すことによって試したいというロマンすら私は感じるのです。

教材の価値も教育技術の効果も、最終的にそれを使うのがどんな人であるかという「あり方」がベースとなって発揮されることを、私は飛び込み授業の度に感じてきました。

そういう意味で、究極的に試されているのは「自分自身の人間力」なのだと毎回思わされています。

「最大の教育環境は教師自身である」という言葉があるように、初対面で一度限りの授業という限定的な状況を創り出すからこそ、人として発する力が明らかに試されるのです。

いち教師である前に一人の人間としての総合力が垣間見られるのも、飛び込み授業という仕組みのなせる業なのかもしれません。

2

教材研究編

02

教材研究編

◎素材を集め尽くす

あるテーマに沿って授業をつくる際。
私はまず関連する資料を集めるところからスタートします。
「資料」はいくつかのカテゴリーに分かれます。
「新訂社会科指導用語辞典」によると、次のように分類されています。

- 文章資料(物語、文書など)
- 図表資料(地図、グラフ、年表、統計、分布図など)
- 現物資料(実物、標本、模型など)
- 映像資料(絵、写真、スライドなど)
- 音声資料(CD、録音テープなど)

——・映像＋音声資料（映画、ビデオ、ＤＶＤなど）

これらの中から、集められるものをひとまずは手当たり次第に収集します。

この段階では、「精選」はしません。

必要でないと思っていた情報の中に宝物が眠っていることも多々あるので、関連しそうなものはひとまずあらかた通過することにしています。

具体的に言うと、まずは「書籍・雑誌・新聞」の購入から始まることが多いです。

書籍ならばテーマに関連するものを複数冊、雑誌ならば該当する内容のバックナンバー、新聞ならば該当記事については基本的に全紙に目を通して、テーマについての内部情報を蓄積させていきます。

同時に、インターネットの記事検索をかけて同じく周辺情報を収集。

これが、資料集めの第一段階です。

第二段階では、手広く集めるのではなく、絞って深く集めます。

第一段階の資料収集で気になった情報についてさらに文献を読み込んだり、人に尋ねたり、論文を検索したり。

広く浅く集めていた段階から、狭く深く集めていく段階です。

この道中で、たいてい授業の中で扱うメイン資料との遭遇があります。

もちろん、中には資料の存在は確認できるのに、「入手が困難」という場合もあります。

そのときは、あの手この手を尽くします。

検索の仕方を変えたり、人脈のツテを辿ったり、現地に足を運んで頼み込んだり。

ここを突破できるか否かが、授業の成否を大きく分けることがあります。

第二段階までいくと、手元に資料はほとんどそろっている状態となります。

あとは、授業づくりの進捗に応じて、適宜資料を集めて加えながら進めていくというイメージです。

○方向性を見定める

手元に必要な資料がほとんどそろったとして、ここで改めて授業の方向性を確定します。

資料集めの段階でもすでに一定の方向性を見ながら集めているわけですが、手札がそろった段階においてよりよい方向性が発見できることも少なくありません。

「努力の素晴らしさ」というテーマで資料を集め尽くしたところ、「出会いの価値」について授業をした方がより素材の味が生きるなということがわかる場合があるということです。

今回紹介した飛び込み授業においても、同様のことが起きました。

当初は「ワールドカップの授業をつくってほしい」というオファーを受けて資料集めを開始。

「ドーハの悲劇からドーハの奇跡へ」というテーマが浮かびましたし、「三苫の1ミリ」に代表されるような「あきらめないことの大切さ」という方面からも資料を集めました。けれども、結局資料収集の段階で追っていたテーマは採用せず、まったく別の方向性で授業をすることになったのです。

それは、情報を集め尽くした段階で、先のようなテーマではせっかく集めた素材の持ち味が生かされないと感じたからです。

このあたりの肌感覚は、自身の経験によっても、その当時の世相によっても大きく変わります。

二十代の頃の自分ならもっと複雑に授業をつくっていたと思いますし、当時は資料を集めるためのツールも今ほど充実していない頃でしたから、そうした状況も相まって授業のつくり方はやはり大きく変わったはずです。

時代に合わせて、自身の腕前に合わせて、改めて素材の調理の仕方を考えるのが「方向性を見定める」という段階です。

◎全体を貫く発問を確定する

資料を集め尽くし、方向性を見定めた上で、授業において極めて重要なポイントである「問い」を確定する段階に移ります。

今回の授業で言えば、それは「大人になるとはどういうことか」という発問です。それぞれの素材（資料）の持ち味を吟味しつつ、子どもたちに考えてほしい方向性を鑑みた上で、もっとも効果的な問いは何かを考える段階です。

この問いについては、繰り返しシミュレーションを行い、何度もブラッシュアップを重ねます。

シンプルでなければすべての子たちに届きませんし、かといってただ簡単なだけでは子どもたちの思考は広がりません。

素材の持ち味を最大限に生かすために、この問いでしかあり得ないというところに届くまで、何度も試行錯誤を重ねます。

ここがクリアできれば、授業の骨格はほぼ完成です。

少なくとも9割は授業の中身は頭の中で完成している状態となります。

何なら、今すぐに授業をしてくださいと言われても、この段階であればほぼ実際の授業と遜色ない授業が展開できるでしょう。

でも、実際はここからが長いのです。

内容の9割を創るための使った時間よりも、残りの1割を仕上げるために使う時間の方が遥かに長いからです。

割合で言えば、9割を創るために1割の時間を使い、最後の1割の仕上げに全体の9割の時間を使うイメージです。

それくらい、この「発問を確定する」ところまでは一気呵成に行くことが多いです。

◎素材を削いで磨いていく

いよいよ仕上げの段階です。

この段階では、主たる発問と素材の構成があらかた決まっているところです。当然、授業の至るところには「ムリ・ムダ・ムラ」が存在します。これらを、どんどん削っていきます。

余計な情報を削ぎ落とし、授業の本筋と関係ない部分も次々とカットしていく作業を繰り返していく段階です。

そもそも、集めた情報や資料は授業のためにつくられたものではないので、至るところに削るポイントが存在します。

それらを削るために最もよいのは、「一度授業をしてみる」ことだと言えます。

私はたいてい、この段階で顔見知りの人たちに授業を見てもらいます。

自分だけの感覚や考えでは気づけない「ムリ・ムダ・ムラ」が確実に存在するからです。

この段階で、授業者である私は素材や情報に対して相当な愛着を感じていることが少なくありません。

いろんな書物を読み、方々駆けまわって資料を探し、そうやって手に入れるに至った授業の素材について惚れ込んでいることが少なくないのです。

こうやって、素材に対する距離感が近くなっているときは、往々にしてその素材の難しさを感じることが難しくなっています。

要は、「削るポイント」が見えにくくなっている状態です。

だから、未完成の段階で授業をまずは見てもらい、その見えにくくなっているポイントを洗い出していくのです。

このワールドカップを素材とした授業でも、私は同様のことに取り組みました。

まったく未完成の状態でひとまず授業を見てもらい、その上で削るポイントを洗い出してブラッシュアップを重ねていったということです。

◎細部にこだわって仕上げていく

ここまで来れば、授業の99％は完成です。最後の1％は、「こだわり」の段階です。

・音の微調整
・色の微調整
・言葉の微調整
・語感の微調整

もはや、見る人からすればその調整が加えられた前後で見分けがつかないレベルの修正を加えていく段階です。

見ている人が見分けがつかないなら修正を加える必要がないではないかという声が聞こえてきそうですが、このラスト1％の作業こそが授業の明暗を分けることが少なくないのです。

そして、この最後の作業は、とにかく楽しいのです。

ちょうど、意中の相手にサプライズのプレゼントを準備しているときのような心境に近いと言えるかもしれません。

子どもたちの反応をイメージしながら、最後のひと手間をかけて授業を仕上げていく工程にはいつも喜びが溢れています。

この最後の1％の工程に全体の99％の時間を使うことも少なくありません。

それくらい、授業づくりの工程の中で私が最も好きな時間の一つです。

試運転をして調子を見る

もちろん、教材を創り上げてそれで終わりではありません。

最終的にできあがった授業は、試運転して最後の確認をする必要があります。

私が過去につくってきた授業の最初の参観者は、大体妻でした。

最近は、我が子たちが大きくなってきたので、一緒に見てもらうことも多いです。

自宅のリビングで、何の気なしに授業を始めて、家族に見てもらうわけです。

その反応を見て、最後のGOサインを出すかどうかを決めています。

あるとき、この試運転の授業を見てくれた妻が、涙していたことがありました。その涙を見て、この授業で追い求めてきた部分が間違っていなかったことを確信した記憶があります。

本当によい授業は、性別も年代も立場も超越します。

すべての人の心に届く授業に仕上がったかを確認するために、あえて教員ではない人に授業を見てもらうことを私は過去に数限りなく行ってきました。

むしろ、教員という立場や経験が邪魔をして、授業の価値をクリアに見れなくなっている人たちも山ほどいます。

そういう意味で、変な先入観を一切もち込まずに授業の感想を言ってくれる妻の存在は私にとって非常に有難いものでした。

こうやって、数多の工程をくぐり、飛び込み授業の場に至るというわけです。

3

準備編

03

準備編

この原稿を書いているここ1カ月間の間にも、大阪府枚方市・群馬県太田市・愛知県一宮市での飛び込み授業と講演会がありました。

直近1年間だけでも各地から同様の依頼があり、ここ1年間でおよそ10回の飛び込み授業を実施してきています。

最近はいろんな方々から、「どうすれば飛び込み授業を成功させることができますか」という質問を受けるようになりました。

実は、飛び込み授業の準備は、前章までに述べた「教材研究」や「授業づくり」だけで終わるものではありません。

実施する授業をつくること以外にもやっておくべきこと（少なくとも私自身が準備段階において大切だと考えていること）は、他にもたくさんあります。

どんな風に準備をし、どのようなことに留意しながら授業を実施するのか。

これまでの経験の中で大切にしてきたことを、まとめていきます。

○採択している教科書を尋ねる

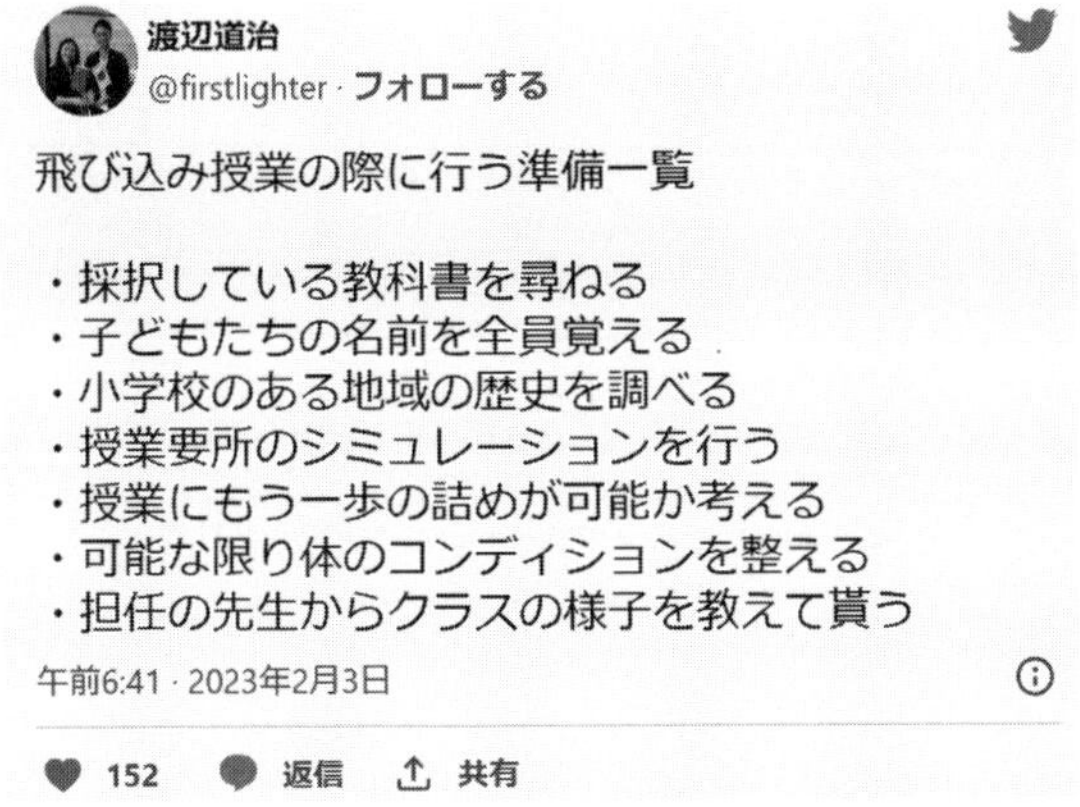
渡辺道治
@firstlighter · フォローする

飛び込み授業の際に行う準備一覧

・採択している教科書を尋ねる
・子どもたちの名前を全員覚える
・小学校のある地域の歴史を調べる
・授業要所のシミュレーションを行う
・授業にもう一歩の詰めが可能か考える
・可能な限り体のコンディションを整える
・担任の先生からクラスの様子を教えて貰う

午前6:41 · 2023年2月3日

152 返信 共有

ある日Twitter（現X《エックス》）で、私は上のようにつぶきました。

飛び込み授業は、教師と子どもがお互いに初対面だからこそ、双方の「人となり」がわかりません。

とはいえ、事前に調べて知っておけることは、実は結構あります。

たとえば、1つ目の「採択している教科書」。

これは、どの勉強を通過してきているかを知る上で非常に重要な情報です。

ある年、6年生に対する飛び込み授業を構想したとき、導入で「オーラ・リー」という曲を使いたいと考えたことがありました。

そして、授業の構成上、「その曲を子どもたちが知っているか否か」ということが極めて大切な要素だったのです。

もし知っていなければ、当然別の素材をもってこようと考えました。

小学校の音楽の教科書会社は2社あり、片方（トップシェアのA社）は4年生でリコーダーの教材として出てきますが、もう片方（B社）は中学校の音楽の教科書まで出てこないことがわかりました。

調べたところ、私に飛び込み授業を依頼した学校ではA社を採択しており、子どもたちがオーラ・リーのことを知っていることがわかったため想定していた通りの導入のまま授業を実施したという出来事がありました。

「通過してきている学び」は、「共通言語」とも言い換えることができます。

ちょうど地元の〝方言〟を聞くと懐かしさがこみ上げるように、その共通言語に優しく触れるだけで人は親しみを覚えたりするものです。

何より、その子たちの過去の学びと現在の学びをジョイントしながら進めていこうとすることは、飛び込んだ先の学校の先生方を大切にしていることにもつながります。

つまり、いきなり行って、自分のやりたい授業だけをやって、それで帰ってくる、ではないのです。

わからないなりにも、相手の学校や地域やクラスのことを知ろうと努力をした上で、飛び込み授業の内容を構成するということです。

子どもたちの名前を全員覚える

「名前を覚える」ことも同じです。「子どもと心でつながる教師の対話力」（学陽書房）という自著にその内容を記載したので、抜粋します。


私は、これまで飛び込み授業を行う際には毎回すべての子どもたちの名前を覚えた状態で実施してきました。

名簿や写真を見て、繰り返し唱えたり呼名したりしながら、まだ会ったことの無い子どもたちの顔と名前を憶えていくわけです。

何のためにそれをするかというと、それはひとえに「出会いのプレゼント」を贈る為です。

飛び込み授業においては、実質子どもたちと接することができるのは、その授業時間だけです。

じっくりと少しずつ関係を作っている余裕はありません。

とはいえ、授業は子どもたちとの相互反応の中で共に創っていくものですから、限られた僅かな時間の中でも前向きな関係を作っていきたいのが本音です。

その上で最もシンプルで効果が高いのが「名前を覚える」ことなのです。

出会ったばかりの先生が、自分の名前を呼びながら授業を進めてくれたとしたら「えっなんで知っているの?」という驚きが多くの子に生まれます。「覚えてきてくれたんだ!」という感動が生まれる子もいます。

人は、「自分に関心を寄せてもらえる」ことがとても嬉しいものです。

名前を覚えるという小さなアクションによって、子どもたちの元には関心という名のギフトが届くことになります。

飛び込み授業の僅かな時間に子どもたちとの関係を作っていく上において、これ以上の贈り物を私は知りません。


『子どもと心でつながる教師の対話力』(学陽書房)

大人同士の関係でもそうですが、初めてどこかに伺うときに、ご挨拶の手土産を持参したりすることがありますよね。

その手土産があることによって、相手とのやりとりが円滑になったりする役割を果たしてくれることがあります。

名前を覚えることは、これと似ています。

ただし、これは「全員を覚えて一度も間違えない」ことによって初めて成立する贈り物です。

わずか一人でも言い間違えたり、あるいは呼べたとしても言い淀んでしまったりするならば、名簿を見て呼名した方が100倍よいと言えます。

スラスラと淀むことなくクラス全員の名前が言える状態にまでもっていくのが、飛び込み授業の準備の中で私が肝にしている部分です。

準備において最もエネルギーを使うのは、実はこの部分だったりします。

以前受けた群馬県の依頼では、何と「2クラス連続での飛び込み授業」をリクエストされたこともありました。

5年生と6年生の2クラス分の子どもたちの顔を名前を完璧に覚えることはとても難しいものでしたが、その経験のおかげで今では1クラス分の名前を覚えることが容易に達成できるようになりました。

人間、やろうと思えばこのくらいのことはできるようになるのだと、私は自分の身をもって体感しているところです。

◎小学校のある地域の歴史を調べる

「地域の歴史を調べる」ことは、行き道の新幹線や飛行機の中ですることが多いです。

そして、たいてい予定時刻より1時間ほど早く現地について、その街を散策して調べたりすることも飛び込み授業のルーティンにしています。

これは、飛び込み授業に限ったことではなく、別の用事での出張先でも同じです。

さきほどの方言や名前よろしく、人は「自分が大切に思っているもの」を大切にしてくれる人に親しみや愛着を覚えるものです。

地域もまた、その代表格と言えるでしょう。

その地域で暮らし、その地域で育ち、その地域でたくさんの時間を過ごしてきたのですから。

地域への愛着がまったくない人は、私は基本的にいないと思っています。たとえば私は北海道札幌市出身ですが、地元の話題が遠く離れた場所で出たときにえも言われぬ幸福感に包まれることがあります。

小さい頃から何度も行った「円山動物園」の話題で盛り上がったことがあります。「札幌」という地名の話題から、北海道全域の地名の話題へと話が広がったこともあります。

ようするに、きっかけは「日本ハムファイターズ」でも「スープカレー」でも「少年よ大志を抱け」でもなんでもよいのです。

「北海道って本当に食べ物がおいしいですよね」なんていう大きなくくりの言葉ですら、じんわりとしたうれしさを感じるからです。

〝あぁ、この人は自分が大切に思っているものを大切にしてくれるんだな〟ということを言外のうちにも感じるということです。

ふとしたときに、そうした話題が相手から出てきたときに、どれほどの喜びが相手にもたらされるかは容易に想像がつきます。

このような考えから、「地域の歴史を調べる」ことも準備に必ず加えています。

ちなみに先日別の用事で京都に行った際、「烏丸御池」という駅を利用してふと疑問

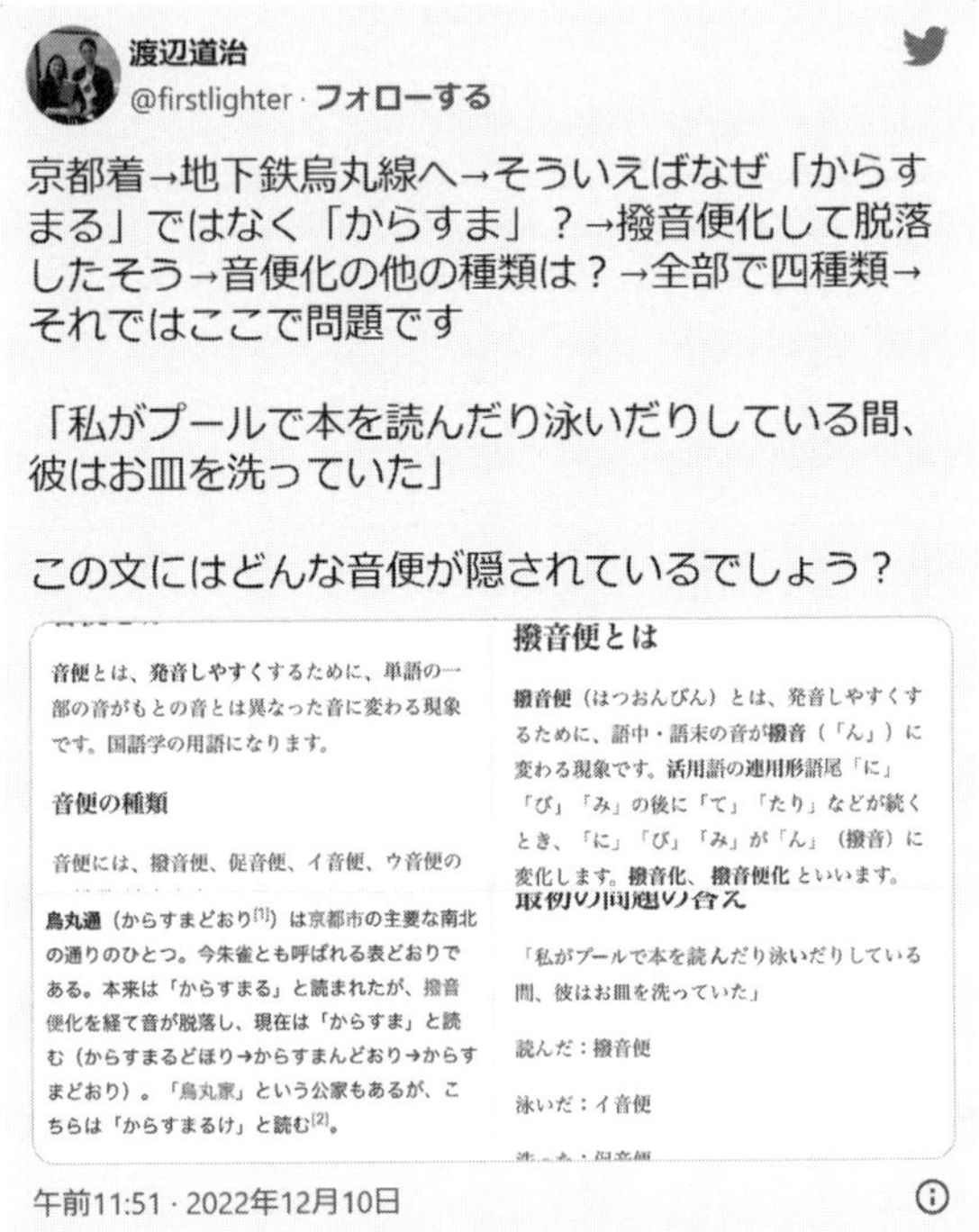
渡辺道治
@firstlighter · フォローする
京都着→地下鉄烏丸線へ→そういえばなぜ「からすまる」ではなく「からすま」？→撥音便化して脱落したそう→音便化の他の種類は？→全部で四種類→それではここで問題です
「私がプールで本を読んだり泳いだりしている間、彼はお皿を洗っていた」
この文にはどんな音便が隠されているでしょう？
音便とは、発音しやすくするために、単語の一部の音がもとの音とは異なった音に変わる現象です。国語学の用語になります。
音便の種類
音便には、撥音便、促音便、イ音便、ウ音便の
撥音便とは
撥音便（はつおんびん）とは、発音しやすくするために、語中・語末の音が撥音（「ん」）に変わる現象です。活用語の連用形語尾「に」「び」「み」の後に「て」「たり」などが続くとき、「に」「び」「み」が「ん」（撥音）に変化します。撥音化、撥音便化といいます。
烏丸通（からすまどおり[1]）は京都市の主要な南北の通りのひとつ。今朱雀とも呼ばれる表どおりである。本来は「からすまる」と読まれたが、撥音便化を経て音が脱落し、現在は「からすま」と読む（からすまるどほり→からすまんどおり→からすまどおり）。「烏丸家」という公家もあるが、こちらは「からすまるけ」と読む[2]。
「私がプールで本を読んだり泳いだりしている間、彼はお皿を洗っていた」
読んだ：撥音便
泳いだ：イ音便
午前11:51 · 2022年12月10日

に思ったことがあったので調べてみました。

こんな風に、その地域に行ったときにその地を足で歩きながら情報を収集することは、授業や講演に意外な奥行きをもたらしてくれることがあります。

もし仮に、出張先で「烏丸」という名前の方がいたとしたら…。

どんな未来が広がるかをそんな風に考えてみることも、また楽しいものです。

○授業要所のシミュレーションを行う

「授業要所のシミュレーションを行う」ことは、前日から当日にかけて脳内で行うことが多いです。

当然ですが、授業当日に指導案などは一切見ません。

「紙に目を落としている暇などない」といった方が、表現としては正しいです（そもそも、ここ数年の飛び込み授業では指導案を書いたことがありません。「教科」や「内容」のリクエストだけを受けて私は授業をつくり始め、それを当日公開する流れで行っているため、指導案を作成する必要がないのです）。

授業をする際に非常に重要な「視線」の力を最大限に発揮するためにも、授業のシナリオはすべて体にしみこんでいる状態にしておくことが必須です。

楽器の演奏で言うならば「暗譜していていつでも弾ける状態」がそれです。

それは、授業の流れもそうですし、誉め言葉などの様々な対応の仕方もそうです。

そうしたことが、紙を見ないと出ない状態では、飛び込み授業は安定的に進めることはできません。

「教師の力量形成」をテーマにした自著「汗かけ恥かけ文をかけ。」（東洋館出版社）に、該当する内容を書いたので抜粋して紹介します。教師になりたての頃から、どのような努力を意図的に積んできたのかという内容を伝えた部分です（この著作は若手教師からのインタビューに答えた音源を文字起こしする形で制作しました）。

もう少し詳しく話すと、先輩のあの言葉いいなとか、飲み会で聞いたその褒め言葉はすてきだなとかっていうものは、忘れないようにどこかにメモしたりしていました。

そういう機会を増やしていこうというのも意図的にしていました。なぜかというと、「足りない技や知への葛藤」が根底にあったからです。褒め言葉一つとっても、全然スルスル出てこない。「すごい」とか、「素晴らしい」とか、「上手」とかは出てくるのです。でも、意図的に磨かないと使えないような褒め言葉があるのです。それこそ、「卓越してる」とか、「あなたの○○は抜群だ」とか、「新しい視点の意見ですね」なんていう褒め言葉は、教育実習時代は使ったことがありませんでした。

言葉のバリエーションだけでなく「自分自身の不足感」を感じていた場面が他にもたくさんあります。だからこそ、メモを見返したり、本を読み返したりして何とか出てくるものではなくて、いついかなるときもそれを使いこなせるような状態にまでもっていきたかった。それは、バイオリンでいったら暗譜していて、楽器さえもらえればすぐに弾けるみたいな、もうしみ込んでる状態です。僕の中では、この状態を「技能化」と呼んでいるのですが、楽譜がないと弾けない曲は僕の中ではまだ技能化されていないんですね。楽譜なしで弾けるのが、自分の中で一つの基準なのです。

だから、研究授業のときに紙を見ないなんていうイロハのイのことを先輩から一番最初に教えてもらったんですけど、いまだにそういったことはすごく大切にしています。流れもそうですが、褒め言葉だとか、こういう展開になってこっちにいったときはこれができるみたいな。シナリオとはちょっとずれていたとしても「操舵」ができる。これも一つの「技能化」だと思っています。

『恥かけ汗かけ文をかけ。』(東洋館出版社)

このように、飛び込み授業の内容もいわば技能化していないと、当日のいろんなシチュエーションに柔軟に対応することが難しいということです。

「要所のシミュレーションを行う」とは、子どもとのやりとりや対応の仕方をいろんなパターンでイメージするということです。

〝こんな風にきたらこのように返してみよう〟と、まだ見ぬ子どもたちを描きながら、授業を仮想空間で実施するイメージです。

このように、技能化した上でシミュレーションを行っておくことが、授業に対する安定した心持ちを生みだしたり、また授業展開の中でのいい意味での遊び心（余裕のようなもの）を生み出すことに一役買ってくれます。

◎授業にもう一歩の詰めが可能か考える

これは、授業直前ギリギリまで行うことが多いです。

実際に飛び込み授業をするときには、少しだけ早めに学校に到着して、授業をするクラスの様子を10分ほど見せてもらうことにしています。

ここで、子どもたちの顔と名前を完全一致させるわけです。

そして、授業中の雰囲気や担任の先生とのやりとりをみながら、準備してきた授業にもう一歩の工夫が施せるかを考えます。

授業の本筋はもちろん変わりませんが、つなぎ方を若干変えてみたり、言い回しを少し修正してみたり、順番を組み替えてみたり。

こうした細部を微修正することで、届けようと思っている内容が相手により届きやすくなったりします。

このように実際の場面では、授業が始まる数分前までコンテンツの内容をいじっていることが多いです。

「微修正できるのがプロの力」という言葉がありますが、その境地に少しでも近づけるように、直前まで授業の内容にはブラッシュアップを加えることにしています。

可能な限り体のコンディションを整える

「可能な限り体のコンディションを整える」とは、どの仕事でも基本になることだと思いますが、飛び込み授業は特に「それを依頼して下さった方々」や「授業を見て学ぼうと参加されている方々」などがおられることが普段の授業とは大きく異なる点です。

基本的に、失敗はできません。

成功することが大前提であり、可能ならばその期待値を大きく超えていくことが求められている場面だと言えます。

もちろん、授業は生き物ですから、子どもたちがあってのものなので、こちらのコンディションがいかに絶好調でも難しくなってしまう可能性は存在するでしょう。

ここで伝えたいのは、「コントロールが可能な範囲において万全の準備を行おう」ということです。

自分のコンディションは、自分である程度コントロールが可能です。

けれども、子どもたちの学ぶ姿勢やクラスの連携力などはコントロールが不可能な領域です。

体調を整えることは、大きな要素ではないかもしれませんが、それでも自分の努力次第で一定のコントロールが可能な部分です。

もう少し言うと、特に「声の出し方」は入念にチェックします。

自分の声がどのように相手に届いているかは、自分で話した声を聴くだけでは正確に把握することができないため、私は定期的に自分の声を録音してそれを聞くようにしています。

その上で、テンポやリズム、抑揚、緩急、間などをチェックしていくということです。

余裕があるときは、駅近くのカラオケボックス等によって、授業の冒頭数分間の喋りだけを録音し、それを聞いてから再度自分の喋りをブラッシュアップすることもあります。

楽器の演奏もそうですが、基本的に基礎練習を怠ると技は錆びます。

演奏経験が長くなるほどに、私は基礎練習の大切さを深く実感するようになりました。習い立ての頃にあれほど嫌いだった基礎練習を、今では楽器を取り出すたびに行っている自分がいます。

それくらい、技を保つための地道な努力が大切だということです。

これは、授業でもまったく同じことが言えます。

意図的にベースの部分を磨こうとしないと、無意識のうちに技は衰えていくので、体調面だけでなく自身のスキルの部分にもテコ入れをしてから飛び込み授業に向かうようにしています。

○担任の先生からクラスの様子を教えてもらう

これは、飛び込み授業を始めたばかりの頃は行っていませんでしたが、ここ数年は欠かさず行うようにしています。

音声で教えてもらったり、テキストで教えてもらったり、学級通信を見せてもらったり、と方法は様々です。

これをすることによって、クラスの子どもたちの人物像がよりクッキリとしてきます。

そして、以前よりもはるかに名前を覚えるスピードが上がりました。

さらには、授業中における対応においても、より細やかな配慮ができるようになりました。

たとえば、担任の先生から「普段はそれほど積極的に発言をしない」と聞いていた子がいた場合、その子が発表をした際にやや強めにスポットを当ててみたりすることができるようになってきたということです。

これもわからないなりに、相手の学校や地域やクラスのことを知ろうとする努力の延長にあるものだと言えます。

付け加えるならば、普段長い時間を一緒に過ごしている間柄だったとしても、相手のことを真にわかることはまず不可能なはずです。

「わからない」という前提に立って、少しでも「知ろうとしよう」「わかろうと努めよう」とすることによって、それが言外に相手に伝わりプラスの影響を生む部分もきっとあるはずです。

得てして、人は自分に関心を寄せてくれる人のことを好意的にとらえやすいもの。自分のもっている技や知に奢ることなく、足りない・わからないという前提で相手のことを知ろうとする努力が、準備を進める段階において極めて大切であると考えています。

4

実施編

04

実施編

一通りの準備を経て、いよいよ飛び込み授業がはじまります。

大阪の小学校に飛び込み授業を行った際には、約100名の先生方が来られていました。教室では人が入りきらないため、急遽場所を体育館に変更することにもなりました。ステージ上の大スクリーンに授業コンテンツを映し、それに向き合う形で子どもたちが着席。100名の参観者の方々はそれを取り囲むように後方から立って参観されていました。

「実践編」では、実際にその授業をご覧になった方々の感想を引用しながら、私が授業をする上で意識していることや工夫していることを紹介していきます。

◎安心・安全の場をつくる

授業をつくるときは、多くの場合「終末部分」から逆算して全体を構成することが多いです。

この日は、最後のおよそ4分間は子どもたちが感想を書き続ける形で授業が終了しました。

ほのかなＢＧＭがかかり、「カリカリカリ…」という子どもたちの鉛筆を動かす音だけが体育館に響いている中で、静かに授業を終えたということです。

この授業をつくるとき、まさにこの最後のシーンを思い浮かべながら全体を構成していきました。

実現したい理想とする姿やゴールを明確に思い浮かべて、そこに至るためにどのように授業を構成していけばよいかを考えるということです。

そして、願わくば、鉛筆を動かし続けながら「自分や他者との対話」が豊かに生まれ、そのことによって心が軽くなったり明るくなったりする形で授業を締めくくることができれば最高であるとも考えていました。

「授業が終わって、心があたたかく、スーッとしていく感じが心地よかったです」との感想は、まさに自分がそんな風になれたらと願って描いていた姿だったので、非常にうれしく思いました。

もちろん、子どもたちは授業の途中で思いもよらない反応や意見を出してくるものなので、すべてが想定通りに進むことはまずありません。

しかし、辿り着きたいゴールを明確に思い描いておけば、道中のルートが右に行ったり左に行ったりしても、慌てることはありません。

授業だけでなく、学級も、学校も、最終的にどこに向かっているかという目的地を明確にしておくことはとても大切だと考えています。

①示範授業のご感想

見ている私が「大人になる」ということはどういうことか、何度も考え直していました。授業が終わって、心があたたかく、スーッとしていく感じが心地よかったです。

ほめ方、心のかけ方、間、見ていて自分の日頃をふり返りました。

あたり前のこと、クラスの子たちが安心できる場所、明日からまたリスタートしようと思います。

忙しさ、思うようにいかずモヤモヤすること、いろいろありますが、目の前の子ども達のことを今まで通り（今まで以上に）思って授業をしようと思いました。

ありがとうございました。

制限があり、やりたいことがやりにくくなったなと感じていましたが、私は私らしくやりたいことをやろうと思います。

①示範授業のご感想

リズムとテンポの良さ、コンテンツの面白さ、子ども達へのあたたかい対応…と、本当に勉強になる45分間でした。特によどみなくまるでプロが原稿を読んでいるような全く無駄のない語りかけは一朝一夕にできるものでなく長年心がけてこられた結果なのだろうと思います。ノートを持ってきた子達1人1人にかける言葉にも聞いていてぜひまねしたいと思うほどあたたかさがありました。一貫して「大人になるとはどういうことか」をテーマに子ども達が興味をもちそうな資料を次々に展開していかれたので大人でもグイグイ引き込まれ、45分があっという間でした。このような機会に参加できてとても幸せです。ありがとうございました。

◎開始1分で全員を巻き込む

「語り」の仕方については、「準備編」でも書いた通り、特に意識して意図的に磨く場を設けるようにしています。

特に、声の通り方・響き方は重要なポイントです。

この日は、前日に急遽会場が体育館に変更になったこともあり、普段以上に声の通り方は入念にチェックしました。

授業で使う映像の音声を流してみて、それが会場後方まで届いているかを確認し、さらにマイクにするか肉声にするかを会場校の先生に協力してもらってチェック、コンテンツの音声との混ざり具合はどうか、最後の感想を書く場面でのBGMは主張し過ぎずにほんのりとかかる音量になっているか等々、音や声の通り方の調整だけで20分ほどかかりました。

その上で、子どもたちから自分の表情がちょうどよい形で見える立ち位置を確認し、その場所を授業中の基本的な定位置として設定。

あとは、笑顔をキープしながら全体に視線を送りつつ、実際の授業での語りを行って

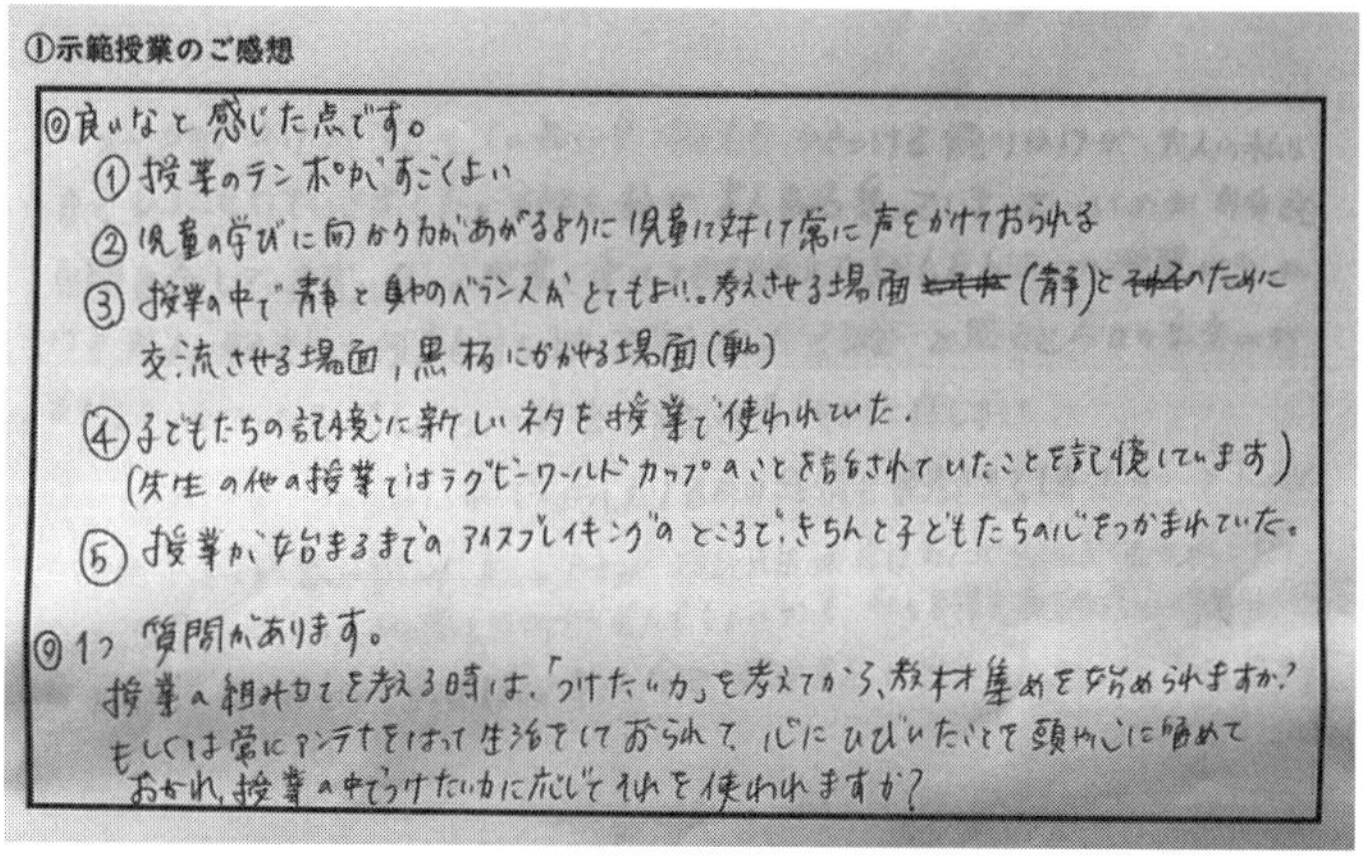
①示範授業のご感想

◎良いなと感じた点です。
①授業のテンポがすごくよい
②児童の学びに向かう力があがるように児童に対して常に声をかけておられる
③授業の中で静と動のバランスがとてもよい。考えさせる場面（静）とそのために交流させる場面，黒板にかかせる場面（動）
④子どもたちの記憶に新しいネタを授業で使われていた．（先生の他の授業ではラグビーワールドカップのことを話されていたことを記憶しています）
⑤授業が始まるまでのアイスブレイキングのところで，きちんと子どもたちの心をつかまれていた。

◎1つ質問があります。
授業の組み立てを考える時は，「つけたい力」を考えてから，教材集めを始められますか？もしくは常にアンテナをはって生活をしておられて，心にひびいたことを頭や心に留めておかれ，授業の中でつけたい力に応じてそれを使われますか？

いったということです。

さらに言うと、子どもたちとのやりとりはその場に応じて臨機応変に楽しむわけですが、教師が語り聞かせる部分についてはできる限り余計な情報は削いで内容を研ぎ澄ますことも毎回意識しています。

語る内容の中心を相手に届けきるためには、「言葉を磨く」ということが必須です。

ちょうど感想の中にもあったプロの方が原稿を読むときなどは、そこには一切の無駄がきちんと省かれているように、余計なものが一掃されていることによって、十分な余韻や間を語りの中に創り出すことができます。

すると、「伝えられている情報の量は多い」はずなのに「ゆったりとリラックスして聞いていられる」という状況すら生まれてきます。

語りを引き立てるための準備は、毎回入念に行っています。静と動のバランスは、先述した「語りの工夫」の内容とも重なりますが、ムダやムラを極力省くことによって、適度な余韻や間を創り出すことができるようになります。そして、余計なものを削ぎ落とすだけでなく、一定のリズムでテンポよく授業が進んでいくパーツを取り入れることで、授業に躍動感ももたらされます。ちょうどリズミカルな曲を聴くと勝手に体が動き出すように、授業の中で心地いいビートが刻めているときは、子どもたちもそれにノるようなイメージで学びを加速させることができるということです。

◎アイスブレイク

また、アイスブレイクのことについてのご感想もいただきました。

通常、飛び込み授業が始まるときは、約10分前には子どもたちの準備が完了していることが多いです。

子どもたちはその時間が「待ち」になることが多いのですが、私はこれを存分に活用することが多いです。

今回も会場の体育館に入ったのは8分ほど前。

そこからプレゼンテーションマウスの動き具合や、マイクの通り、定位置等を1分ほどで最終確認をし、ここで初めて子どもたちに向き合いました。

授業が始まるまでの時間は、およそ5分。

そこで、この時間を活用して簡単なクイズを出すことにしました。

準備いらず道具いらずで、あっという間にできる、私の中での鉄板アイスブレイクネタです。


ちょうど1年前にそのクイズについて原稿を書いたので、抜粋して紹介します。


授業が始まる直前、私が会場の体育館に到着すると、子どもたちは既に授業の準備を終えてステージ上にずらりと着席していました。

表情にはかなりの緊張感が漂っている子もいます。

それはそうでしょう。初対面の先生との授業なのですから。

そこで、始業のチャイムまではおよそ5分あったので、急遽名前当てクイズを行うことにしたのです。

子どもたちは「渡辺先生」という私の苗字は知っていて、下の名前は全員知らなかったからです。そこで、

「『み』から始まる名前だよ」

「読み方は四文字、漢字だと二文字」

「最後は『る』で終わる」

のようにヒントを与えながら、私の名前を当てさせるクイズを行ったのでした。

私はどんな答えが出てきても笑いながら褒めました。

当たる当たらないかが大切なのではなく、ここでは「全ての意見を先生が認めてくれる」「自分たちの意見を面白がって聞いてくれる」ということが子どもたちに伝わっていくことが大切です。

さらに、私は全ての意見を認める際に、発表した子の名前を呼びました。

「〇〇くんの考えは面白い!」「〇〇さんは頭が柔らかいね」のような感じで。

時間にしてわずか5分程度でしたが、子どもたちはきっとその短時間の間に私の人となりをある程度見て取ったはずです。

『教師の対話力』(学陽書房)

このわずか数分のやりとりの中で、子どもたちが大いに笑い、認められ、「すべての意見を面白がってもらえる」ということを通過することが、授業の中における「安心・安全空間」をつくることに一役買ってくれます。

なお、授業のつくり方は先述した通り、「終末部分」から逆算してつくることが多いです。

「つけたい力」もある程度はイメージしていますが、本当の意味で力がついたかどうか、成長が生まれたかどうかは「神のみぞ知る」という領域であるため、私はできるだけ客観的なクラスの様子を思い描いて授業をつくるようにしています。

今回の授業ならば、「子どもたちが自分や他者との対話を心の中で楽しみながら、全員がひたむきに鉛筆を走らせている姿」のようなイメージです。

それを実現することができれば、自ずと変化や成長が豊かに生まれると思っているからです。

むしろ「こういう力を育てる」と授業者がある意味で限定的に授業をつくってしまうと、そこからはみ出す形での自然な変化や成長が生まれにくくなることがあると思っています。

特に、今回実施した道徳という授業においては「誰かに教えられたこと」よりも「自ら気づいたこと」の価値がものすごく高いことはまちがいありません。

誰かに与えられたものではなく、内から湧き上がってきた学びこそが、真なる成長や変化をもたらすからです。

「つけたい力」より、「実現したいクラスの様子」から逆算して授業を設計することが、特に道徳においては多いということです。

以下、授業へのご感想を数編と、同じく講演会へのご感想もたくさんいただいたので、こちらも数編ほど紹介することにします。

①示範授業のご感想

「大人」という1テーマで、これほど考えさせることができるのか…と驚かされた。成人式→ワールドカップ→バカボン
と、45分では少々多すぎるのではないかというコンテンツ量を、見事に子どもに考えさせ、それを個に合わせて
認めながら授業できるのが、すごすぎる！と思いました。教師の語りと子どもに委ねる部分の時間配分が
計算し尽くされているのだと思いました。テーマである「豊かな表現力を育む（授業と学級経営）」というのは①教師側が
豊かな表現力で認めること（すごい！良い！この感性がいい。新しい視点！この言葉好きだな。面白い etc.）
と、②子どもの豊かな表現を受けとめること（①のような言葉だけでなく、書き言葉（ノートや黒板）、ノンバーバル
な姿勢や表情をみのがさない）などがあるのではないかと考えました。どちらも大変勉強になりました。
担任である岡川先生の普段の学級経営もまた教えてほしいです。（たいへん可愛らしく、
素敵な子どもたちでした！）「授業で学級経営を」とは、耳にタコができるくらい聞いた言葉ですが、
今日の授業は大変示唆のあるものでした！（講演で、まず授業の意図や作り方についてご教授
いただけたのもとてもよかったです。）

今、何時間くらい、授業してるのかな？
と、何度も思いましたが、45分でした。当たり前ですが…
それくらい、今まで見た45分授業の中では、最も、濃い45分でした。
雑談から授業に入る声の変化、コンテンツの作り込み方
子どもたちへの声かけ、ほめ方、認め方、緩急、空白のない構成
渡辺先生の人柄が、生き方もにじみ出ていたすばらしい授業でした。
そして、45分間、思考し続けていた岡川学級の子どもたちも、
とてもかっこよかったです！ 今年は3年生を担任してますが、あんな5年生に
なってほしいと感じました。今日は有難うございました！

「紡ぐ」とテーマにあるように、ゆるやかに子どもたちの考えや意見をより集めながら、最後は個々がしっかりぎゅっとした自らの考えを出している姿に、ただただ感動しました。

30分たったとき、もう30分とも、まだ30分!! どちらもびっくりして、残りの15分で、さらに子どもたちの思考が動いていくのが感じられ、見ていて楽しかったです。

~~貫して（大人になるとはどういうこと？）と~~

活動が止まらず、静かに語りかけておられて、（いるのに）子どもたちが安心の中で学んでいて素敵でした。本当にありがとうございました。

渡辺先生のコンテンツのすばらしさはもちろんのこと、子どもの前で授業をするときの声かけ、反応、立ち振るまいなどを見ることができて本当に勉強になり…というより嬉しかったです。
内容が濃く、子どもたちがずっと考え、それを教師がずっと支え、励まし、見守り、45分があっという間でした。
とくにリアクション、声かけ見習います。最後の「いい大人になってね」（ニコッ）がしびれました。
ありがとうございました。

②講演のご感想

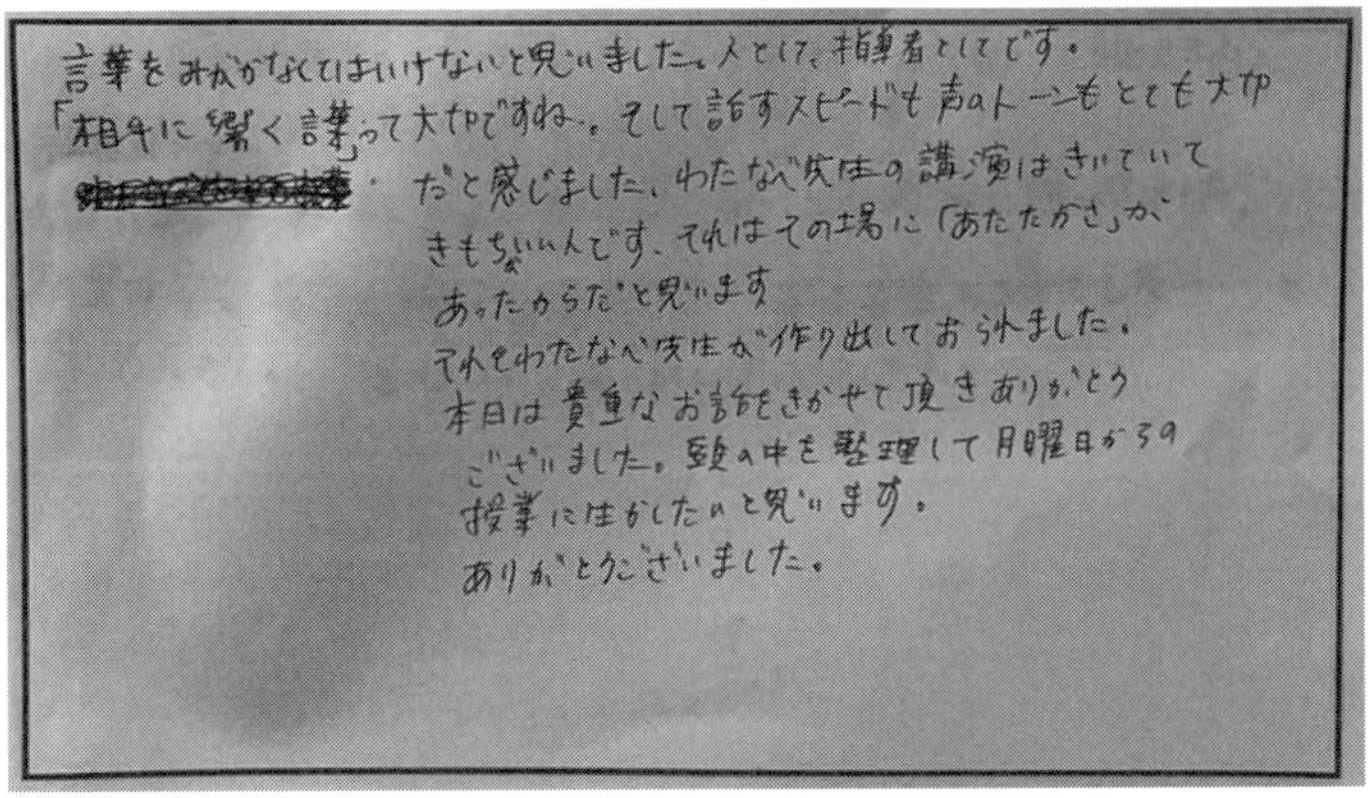
言葉をみがかなくてはいけないと思いました。人として、指導者としてです。
「相手に響く講演」って大切ですね。そして話すスピードも声のトーンもとても大切
[redacted]・だと感じました。わたなべ先生の講演はきいていて
きもちいいんです。それはその場に「あたたかさ」が
あったからだと思います
それをわたなべ先生が作り出しておられました。
本日は貴重なお話をきかせて頂きありがとう
ございました。頭の中を整理して月曜日からの
授業に生かしたいと思います。
ありがとうございました。

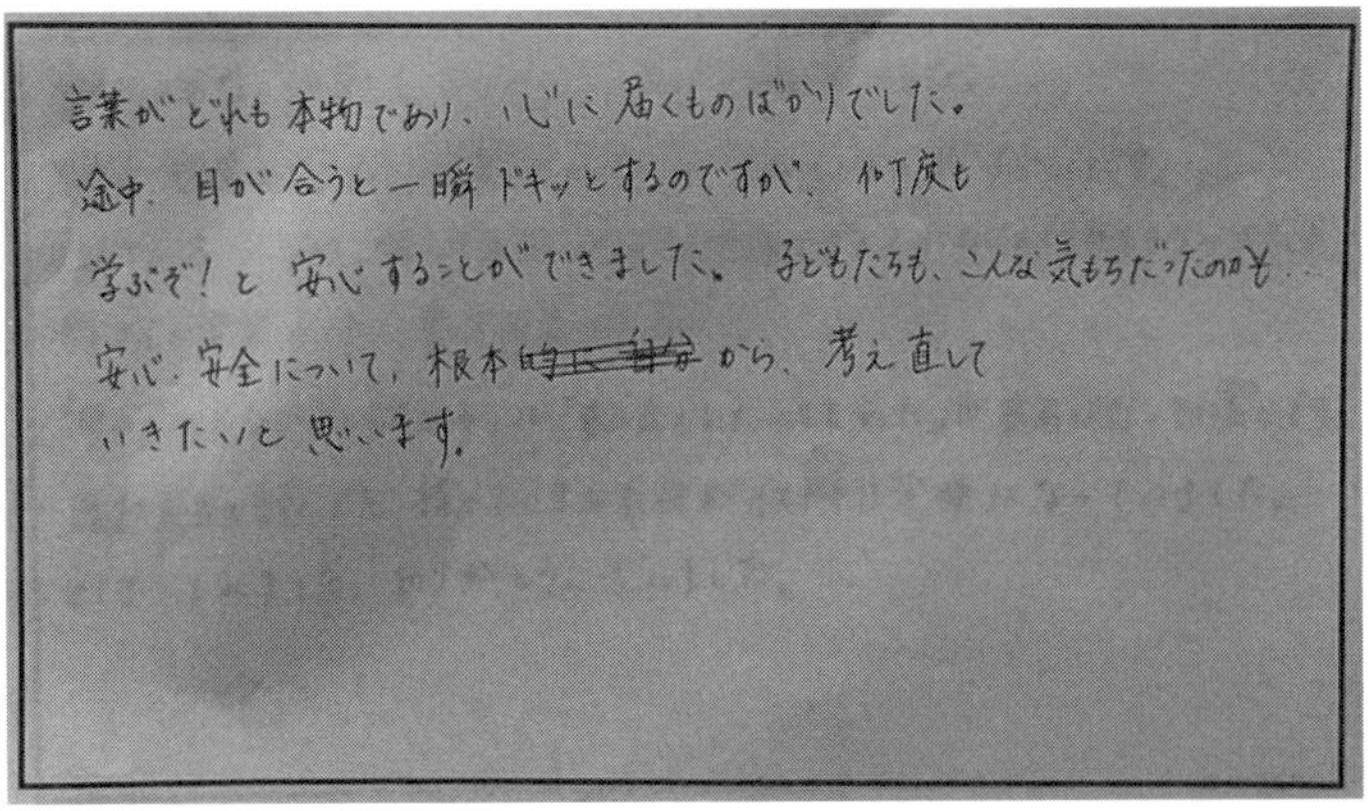
言葉がどれも本物であり、心に届くものばかりでした。
途中、目が合うと一瞬ドキッとするのですが、何度も
学ぶぞ！と安心することができました。子どもたちも、こんな気もちだったのかも…
安心・安全について、根本~~的に 自分~~から、考え直して
いきたいと思います。

○自由思考の場面を組み込む

飛び込み授業においては、事前に教師と子どもの関係をつくることができないという不安定さが存在するため、授業構成を「固くする」ということが起きがちです。

「固くする」とは簡単に言うと、「不規則な発言が起きにくくする」ということです。教師のねらった通りに授業を進めようとする思いが強いほど、授業の余白や遊び心が失われていくという側面が存在します。

だからこそ、「自由思考」という場面を組み込むことに価値があると考えています。子どもたちが、その授業の中で得た学びをもとに自由に考えを膨らませていく場面。その時間の子どもたちの姿がダイナミックであればあるほど、先に書いた「固い授業」とは対極の価値が生まれていくことになります。

何より、自由思考の場面のやりとりは、教師にとっても面白いのです。どんな回答や反応が返ってくるかわからないスリリングな時間が飛び込み授業の中にもたらされることによって、「筋書きの無いドラマ」の側面には一層拍車がかかります。

既定の路線をカッチリとつくり、そのレール以外の発言を認めないような不自由な授業ではなく、自由思考の場面を組み込むことによって、授業には伸びやかさやクリエイティビティが伴うようになっていきます。

◎刹那の対応を楽しむ

この自由思考場面を授業に組み込むということは、子どもたちが教師の思いもつかないような意見を出せる場面をあえて創り出すということです。

せっかくそうした場面をつくっているわけですから、それを受ける教師の心持ちも、それ仕様にしておく必要があるでしょう。

それはいわば、「ハプニング性を楽しめる心構え」とも表現することができます。どんな反応や答えが返ってきたとしても、「楽しむ」という大前提があると、不思議とすべての反応や答えが楽しめるようになってきます。

反対に、「思った通りの答えだけを出してほしい」と子どもたちの反応の小ささや狭さを願ってしまうようになると、このような心構えには決して届きません。

すると、往々にして授業がぎこちなくなり、面白みも失われていってしまいます。

「この順番で教材を提示し、この言葉で問えば、きっと子どもたちからは山ほど多様な意見が出てくるにちがいない」と発問を考えるときも、その〝広さ〟を私は極限まで高めることにしています。

すると、当日どんな意見が出るかは「神のみぞ知る」という状態になります。

このようにして舞台を設計した上で、刹那の対応を楽しむわけです。

◎全員にぴったりの誉め言葉を渡す

自由思考場面の意見はノートに書かせた上で、教師のところに持ってこさせてチェックすることが多いです。

その上でその意見に○をつけながら、私は一人ひとりに声をかけていきます。

「この意見はすごく斬新だね」

「とっても面白い意見です。発想がとてもユニーク」

「すごく深みのある意見です。シンプルだけどすごく深い」

「これは今のところあなたしか考えていない意見ですね。まさにオリジナル」

「昔、偉人で〜〜という人がいたんだけど、あなたの考えはそれと瓜二つです」

誰一人として同じ言葉ではなく、ちがう表現や言い方で褒めることで、子どもたちは「自分の意見もそんな風に認めてもらいたい」「私の意見にはどんな言葉がかけられるんだろう」と考えるようになります。

特に、最初にノートを持ってきた子への対応は大切です。

飛び込み授業は何度も書いているように教師と子どもたちが初対面であるため、「緊張」という名の溝が両者の間には存在しています。

初対面の先生に、自分の意見を書いたノートを持っていくことに極度の不安を覚える子たちもいることでしょう。

でも、最初にノートを持って行った子が大いに褒められ、2番目3番目の子も同じように力強く認めてもらえている姿を見ていると、教室の雰囲気が徐々に変化していきます。

さらに、言葉だけでなく教師の「表情」も大切です。

褒め上手の方は、目の周りにある眼輪筋がよく動くと言われます。

子どもたちに言葉をかけるときに、目を合わせてニッコリ微笑んだり、見開いて驚いたり、細めて喜んだり、表情豊かに対応することで一層子どもたちは安心するようになります。

すると、どんどんノートを持ってくる子たちが増えていきます。

最初はほとんど誰も席を立てなかったところから、次々と子どもたちがノートを持っていくようになる場面を見て驚かれる先生も少なくありません。

そこには、言葉や表情を工夫しながら、その子にピッタリの表現で意見を認めるという関わりが欠かせないと考えています。

◎友達との対話だけでなく自分との対話を促す

「対話的な学び」という言葉が世に出回るようになったことで、多くの授業において他者と対話を交わす場面が多く設計されるようになりました。

それ自体は悪い変化ではないように思いますが、毎度毎度誰かと対話することばかりが求められると、肝心の「自分との対話」の場面は減ってしまいます。

今の話を聞いて自分はどう思ったか。

先生の問いに対してどのようなことを感じたか。

Aなのかそれとも Bなのか。自分の感覚はどちらに近いのか。

こうした内なる自分との対話を豊かに設計できるようにしたいという思いで、毎回飛び込み授業を設計してきました。

なぜならば、その教室の場が「安心・安全の空間」になっているかは、当日蓋を開けてみるまでわからないからです。

それは、その学級の紡いできた歴史によるという面もありますし、当日の授業を行う際の環境にもよるところがあります。

たとえば、大阪の飛び込み授業の例でいうと、当日の授業を行う会場は直前に教室から体育館に変更となりました。

参観者が一気に増えたことがその理由ですが、とにかく普段の教室とはちがうという環境の変化がありました。

さらに、当日は子どもたちを囲むようにして約百人の参観者がありました。

そして、初対面の教師がいきなり前に立って授業をするわけです。

どれだけ素晴らしいクラスであったとしても、「子どもたちが安心・安全感を覚えながら学べる環境」とは程遠い環境が用意されていることが、飛び込み授業においては少なくないということです。

こうしたときに、自分との対話を豊かにできるようにしておかないと、環境の雰囲気にのまれてしまったり、自分本来の感覚で授業に臨めないことも起きてくると思うのです。

誰かに気を遣ったり、何かに引っ張られたりすることなく、自分の気づきが自然と発露していき、それをまずは教師が受け止めてあげられるという環境を設計するためにも、「自分との対話が豊かに起きる」ように授業を設計しています。

5

たった1時間の授業がもたらすもの

05

たった1時間の授業がもたらすもの

2章・3章で示したような様々な準備や努力の上に、飛び込み授業は実施されます。授業時間はもちろん45分間だけ、準備にかけた時間からすれば、本当にごくわずかのひと時です。

でも、私はこのたった45分の可能性をやっぱり信じているのです。

信じているからこそ、ここまでの熱をもって準備や努力ができるのです。

では、そのわずか45分の授業から、子どもたちは何を感じ取ったのか。

そして、そのクラスの担任の先生や研究者の方々は何を想ったのか。

本章では、会場にいた皆さんの生の声を紹介します。

まず初めに授業を受けた5年生の子たちの感想を。続けてそのクラスの担任である岡川陽介先生の所感を。さらに、授業を参観された東京学芸大学の松山康成先生に研究者としての視点で飛び込み授業を分析していただきます。

○子どもたちの感想から

大人、子供は年齢の印象だと思っていたけど、成人式でふざけた様子は子供っぽく感じたし、成人式後だから甘く見てもらえると考える様子は本当に成人なのかと思えるほどでした。

でも、森保監督は一人一人に声をかける様子やグラウンドに頭を下げる様子はとても格好良くて大人だな〜と思いました。

バカボンの作者の赤塚さんも最初はムササビみたいにしようとして大怪我するなんて、と子供っぽいな〜と思いました。ですが、あんなに落ち込んでいた娘さんを立ち直らせる本を書くなんてとてもすごいと思いました。人に元気を与えるってやろうと思ってもなかなかできない。でも、人に元気を与えられた赤塚さんはとてもカッコよくて大人だな〜と思いました。

私は最初大人とは自分で生きていける力を身につけることだと思いました。でも大人と思えた大人の人は誰かのことを考えて大人になるまでにつけた力を使っていました。だから、私は大人になると言うことは大人になるまでに身につけた力を他の人に使える人だと思います。なので、私はそんな大人だなと思える大人になりたいと思いました。

渡辺みちはる先生
僕はこの授業をしてみて、大人ってなんだろうとたくさん考えることができました。最初は例えば力が強かったり、知ってることが多いとかを考えていたけれど、実際は力が強くない大人の人も、知ってることが子供より少ない大人もいるわけだから、それは違うということに気づいた。その次は成人式で迷惑をかけたり、暴走行為を行った人たちの話を聞いて、やることも大人になるには関係してるんだなと思った。次は森保監督の話を聞いた。日本はサッカーでベスト8に入ったことがなく、去年の日本はそのベスト8を目標にしていたそうだ。日本は最初ドイツに勝っていた。だがコスタリカに負けてしまい、物凄い言われようをした。その後スペインに日本は勝って「日本サイコー」はおかしいだろと思った。だって負けた時は酷い言い方したくせに日本が良くなった瞬間に何も謝ったりせずに喜びの輪に入れてもらうは自分勝手すぎると思ったからだ。僕はそれが許せなかった。こういう人たちは大人ではなく子供だと思った。そして日本はクロアチアに負けてしまって今回もベスト8には辿り着かなかった。選手たちは泣いていた。だが僕はこの涙が子供っぽいとは全く思わない。なぜならこれは成長の涙だからだ。大人も子供のように成長していくだから泣くことはいいことなのだ。逆に大人の人でも泣くくらい悔しいということはすごい練習して本番まで構えていたからなんだろうなと思いました。
赤塚不二夫さんの話を聞いてこのような文の書き方をしているが僕はどちらかといえば面白キャラで、おもしろいを掴むためにいろんなことができる赤塚不二夫さんは本当に尊敬でしかない。でも僕はこれを最初に聞いた時に正直子供っぽいと思った。でもこういう人だからあんな「バカボン」のような作品が作れるんだろうなと思いました。りえ子さんの話を聞くと、絶対に親が三日に二人も亡くなったら俺なら耐えれないのに、というかりえ子さんでも耐えれなかったのに、そんな状況でも笑えるような漫画を作れるのはすごい。不二夫さんがどれだけ面白いに命をかけていたかがわかって、こんなお父さんを持ったりえ子さんは幸せだったんだろうなと思いました。僕のおとんも面白くて毎日ふざけているイメージがあるけど、そんなおとんがいる僕は幸せなんだろうなと思いました。だから僕は大人になるってことは、周りや自分が大人と認めてもらうということなんだろうなと思いました。

渡辺先生の特別授業感想
先生のチェック表みたいな、紙があったけどそこに1番遠い人は、広島から来ているから驚いた。

岡川先生の知り合いですか？

渡辺先生はすごいなと思った。

なぜかというと、バイロリンとギターを弾いてて、めっちゃ上手かったからすごいなと思った。

バイオリンの弾くやつめっちゃめっちゃ糸みたいなやつが重なっていた。

今日は道徳の授業をした。

大人だけど子供？とかそういう授業をしてもらった。

成人式を18歳に引き下げたのは、18歳とかそこらへんの歳でやんちゃになることがあるから、あなたは大人だよと認識させたいから国は法律を変えていたと思う。

前まで18歳、19歳の人は逮捕されるけど、名前は出なかったから、いいと思う。

タバコは20歳からだけど吸わない。

18歳で成人式後に暴走行為して、正直アホかと思った。

その人たちは、自分がせいじんになったという自覚がないと思う。

歳が重なって行く事に、辛い事は増えると思うけれど、楽しい事も増える。

犯罪とかは自分で罪を償わないといけないから、成人になるという事は自分で考えて、行動するという事だから、今のうちに自分から考えて行動したら、これからの将来で役立って行くと思うから、5年生と6年生とかでそういう力をつけていきたいと改めて思った。

サッカーの話で負けたらめっちゃ叩かれて、勝ったらめっちゃ褒められてイミガワカラナイなと思った。

サッカーの代表の選手は、絶対本気でやってるのに、怒られるのが意味わからない。

自分がサッカー日本代表よりできないくせに怒るのは超理不尽。

結果で勝ったら嬉しい、負けたら悔しいのはわかるけれど、結果だけじゃなくて本気のところにも超理不尽の人は見てほしいなと思う。

ワールドカップに行くのも凄い事だし。

サッカーの森保監督は、他の人にめっちゃ言われているのに、その言われている言葉とか気にせずに、自分を信じて前に進んでいくのが凄いなと思った。メンタル強い。

あと礼儀が良いね　。

バカぼんの赤塚不二夫さんは、人を怪我してもいいから、とにかく人を笑わそうとしているのは凄いこと人生かけているんだなとおもいました。

赤塚りえ子さんは、三日で両親両方亡くなってて、可哀想と思っていたけど、漫画で、頑張ろうと立ち直っているからお笑いは人を笑わせる力がある、音楽は雰囲気を作って、全体を包みこむ力など、いろいろな事はそれぞれ力を持っていると思った。

渡辺先生わざわざ自習までして、来てくださってありがとうございました。

貴重な経験でした。　これから1回でもお会いできたら良いですね、今日は本当に有難うございました。

これからも頑張ってください。

感想
渡辺先生は、すごく良い先生だったなと思いました。なぜかと言うとそう言う視線とかもしっかり目を見てくれて話しやすかったし、反応もうんうんみたいな感じでしっかり反応をしてくれたし、授業も分かりやすかったし、すごく色んな例えも使っていたので偉そうになるけどこれ全てをしっかりやっていたので良い先生だなと思いました。こうやって渡辺先生の授業を85人の先生に見られて緊張したけど緊張感も無くなったのは、渡辺先生の面白い授業のおかげだと思うし、すごいって言われた時は、すごく嬉しかったです。また渡辺先生の授業を受けたいです。

渡辺先生の特別授業感想
私は少し遅れてオンラインに入って来たけど、大人になるためのこと、こんな大人がいていいのかという授業をしていて、その授業がわかりやすかったし、誰かに発表してもらうときに聞く態度も良かったしみんな話しやすかったのではないかなと思いました。たまに私たちオンラインのところまで来て『後で見せてね』といってくれたのも嬉しかったです。直接渡辺先生からの授業を最初から見ることができなかったけど、オンラインでもいい経験にできてよかったです。だって85人の人が来ていて授業を受けれるなんてことが人生にないからです。やっぱりいつもとは全然違う世界観でいつも周りに先生がいないのに特別授業ではたくさんいたので緊張の差が全然違うかったし私もさすがにオンラインでも緊張しました。渡辺先生、ありがとうございました

ふり返り
体育館に入る前は全然緊張していなかったけど、入った瞬間にものすごく緊張しました。いろんな人が自分達をみていたので緊張しました。けど、授業が進んでいくとともに緊張も薄まってきました。隣の人と、合言葉を言っていつも通りになってきました。この人たちは大人か子供かという問題で、成人式が終わった後に暴走族みたいなことをして捕まった人たちこれは大人ですか？子供ですか？私はすごく子供みたいな脳をしているなと思いました。大人になったから何をやってもいいと思い込んでいるので大人ではないなと思いました。
次は、サッカーのW杯の森保監督です。サッカーは好きだし、森保監督のことはもちろん知っているのでびっくりしました。クロアチア戦で負けた後に、選手達を励ましたりグラウンドにお辞儀をしたりした森保監督はすごく立派な大人だなと思いました。自分だってW杯でベスト8に行きたかったと思うし、絶対悔しいのに感謝を忘れないのはすごいなと思いました。大人になるってどう言うことか一行で答えてと言われて私はこう書きました。くやしくても、感謝を忘れない人。まさに森安監督みたいな人だと私は思いました。そして、赤塚不二夫さんのことも学びました。最初はやっていることが子供っぽくて面白いなぁーと思っていたけど、娘さんのりえ子さんが両親を2人ともなくして立ち直れなくなっていた時に赤塚不二夫さんが書いていたバカボンを読むと笑顔になってその日から立ち直ることができたと聞いて私は、どれだけ子供っぽいことをしていても、そうやって落ち込んでいる人を一つで元気にさせられるのは本当に凄いことだなと思いました。大人というのは森保監督みたいに礼儀が正しく感謝を忘れない人や赤塚不二夫さんみたいに一見子供っぽくても人を幸せにできたりする人などたくさんいるんだなと思いました。大人になるっていうことは、人によって違うんだなと思いました。自分はどんな大人になっているかなとワクワクしました。今回の授業で私は紹介してくれた人たちみたいな大人になりたいなと思いました。みんなできるだけいつも通りにできていたし、手をすごく上げていたし、たくさんの先生達から（85人）みられていてもたくさん手を挙げられていたので思っていた以上にみんな緊張していなかったのですごいなと思いました。私もたくさん手をあげて、3回ぐらい発表できたので嬉しかったです。大人になるということを教えてくれた渡辺先生ありがとうございました！

渡辺先生の授業はとても素晴らしかったです。あの先生に初めて会った時に、初めに何かを感じました。ひと目見て、すごい先生だとわかったのです。岡川先生の言っていた通り、その先生はイケメンでした。そして、わたしたちにかける言葉がすごく優しかったです。たくさん褒めてくれて、私たちはたくさん意見がでるねと言ってくれました。やっぱり褒められるのは嬉しいです。渡辺先生は、バイオリンが弾けました。なめらかな音色で、ジブリのたくさんの曲を演奏してくれました。初めてリクエストした曲でも、「この音かな？」と数秒いろんな音を弾いて、音が見つかると魔法がかかったみたい手がなめらかに動いて、素敵な曲を演奏してくれました。とても素晴らしかったです。渡辺先生は、私たちの給食の食べっぷりに驚いていました。食品ロスに協力している、食いしん坊さんがいっぱいいることを知ってもらえてよかったです。渡辺ミチハル先生は、私たちに素晴らしい授業をしてくれました。大人になるとはどういうことなのかよく考えることができました。今、成人式は18歳で行われています。大人になることで、色々な責任が伴うようになります。大人は、子供のお手本である必要があると私は思っています。大人になったからには、しっかりと責任というものを意識したり、相手のことを考えた行動ができるようにならなければいけません。それができていない大人は、見た目は大人でも心はまだまだ子供ということになります。私は、自分の未来について考えて、いつも前向きに進んで行ける人になりたいし、そういう人がお手本であって欲しいです。嫌な雰囲気の人が溢れている世界なんて嫌です。暖かい挨拶の溢れる、他人のことを思って考えて行動できる、そんな素敵な「大人」の溢れる世界にしていきたいです。そして、そんな人が増えたら、子供も子供の心の大人もみんな真似していい世界を作っていきやすくなるんじゃないかなと私は思います。いつでもどんな時でもみんなのために、誰かのために喜ばせるために、この世界の未来のために、明るい世界をつくっていくために、自分の夢と希望に前向きに進んでいくために、できることは何でしょうか？渡辺先生は、そのことに気づかせてくれました。そういうものをつくっていくために漫画を描いて笑いをとったり、みんなにダメ監督とか言われても立ち直って未来に進んだり、そういう誰かのためにとか、未来へ前向きにとかいうのはとても大事なことだと思います。たとえ、みんなから文句を言われようと、自分の夢に向かって頑張れるお手本になれるすごい大人に私はなりたいです。私は、みんなの前で堂々と発表ができて、みんなに優しくしてくれる、渡辺ミチハル先生がすごいと思います。全く緊張を感じさせないはっきりとした大きな声で、大勢の先生の前で堂々と言えるのはすごいなと思いました。私は、ミチハル先生をお手本にして堂々とみんなの前で話すことをもっともっと頑張りたいと思います。


（渡辺先生の授業感想）

渡辺先生の授業では大人についてやりました。最初は、18歳以上の人が大人なんじゃないの？と思っていたけど授業を受けていると考えが変わりました。成人式に行った日なら甘く見てくれると思ったという考えを持って暴走した人たちが大人か大人ではないかという問題でした。僕は最初は子供だと思いました。でも成人式に行ったってことは18歳以上なんだからという考えに変わりました。成人式に参加したのに成人じゃないわけがないかな？と思ったからです。

渡辺先生の授業を受ける前はとても緊張していたけど、先生の名前当てゲームや歳当てゲームで緊張がほぐれました。このようなちょっとしたゲームも緊張をほぐすための工夫だったのかなと思います。嬉しかったことがあります。それはあれだけの先生の前で発表することができたことです。授業が始まる前は発表したいとは思っていましたが発表することができるか不安でした。でも手を２回か3回上げた時に当ててもらうことができ発表することができました。とても嬉しかったです。

僕が思った大人というのはしっかりした考えを持っていること。そして18歳以上の人ということです。

渡辺先生の授業がとても素晴らしかったです。全くサッカーがわからない僕でもしっかりと話を理解し、授業に取り組むことができました。これは渡辺先生の授業内容がわかりやすかったからだと思います。

渡辺先生の特別授業　振り返り　2/3

私はニュースで、一生懸命頑張ってる有名人が酷いことを言われているのを見て「結果だけ見て批判する人たちがたくさんいるんだなぁ。まるで大人じゃないみたいだなぁ…」と思うことがあります。

今回の授業では、年齢的に見た大人ではなく、「大人っぽい」「子供みたい」がどんなものなのか知ることができました。

まず、成人式で暴れる人たちの動画を見て、「○○の時は悪いことをしても甘く見てくれる」という考えからして子供なのではないかと思いました。理由は、私の理想の大人像の中には、「どんな時であっても善良なことをする」が含まれているからです。

そして、サッカーワールドカップで活躍した選手と、森保監督の話が出てきました。この人は根っから大人だと最初から思いました。本気で真剣に取り組む選手たちの姿に、圧倒された記憶があったからです。でも、それでも負けてしまって流した涙。選手たちにとってこの先一生忘れられない涙となるでしょう。この涙は美しく、素晴らしい涙です。なのに「負けてしまった結果」だけを受け止めて暴言を吐く人たちがいます。ここで、このふりかえりの最初に書いたものが出てきます。

真剣に取り組んでいるのに、期待と違った・自分の好みじゃなかったからって悪口を言う…私の理想である「どんな時も（自分の期待と違った時も）善良なことをする（悪いことをしない）」から大きく外れています。なのに自分の期待通りに行った時は超褒め称えます。わがままますぎると思ったので、この人たちは子供だと捉えました。

森保監督は、ベスト8に惜しくも入らなくて自分自身も絶望的なはずなのに、周りを慰めていました。仲間のためにここまで行動できて、悔しいのに「次に活かそう」と前向きな言葉を投げかけるなんて…！この人はやっぱり大人だと確信しました。

最後に天才バカボンの話があって、少しびっくりしてしまいました。赤塚不二夫先生の第一印象はやはり子供っぽかったです。でも今までのような「悪い子供っぽさ」ではなく、自由気ままに遊ぶ好奇心とかの「良い子供心」を持っている人だなと感じました。

でも、その娘さんの話を聞いて、印象がガラッと変わりました！わずか三日の間で両親を亡くしてしまったと聞いた時は、なんて不運な人なんだろう…と衝撃を受けました。でも、立ち直ったのは父が届けてくれた笑いだったのですね。

私は原作を読んだことはありませんが、体のことを漫画で学べる短編集みたいなものに出ていた漫画を読んだことはあります。確かにくだらないけど、読んでいてクスッと笑えるものばかりなのは納得できます。何日も泣くほど落ち込んでいたりえ子さんをも励まし元気にさせる赤塚先生は、私の理想の大人の基準を満たしていると言えます。

今回の授業で、いろいろ考えさせられるものがありました。善良な心を持てば、誰でも大人に慣れるかも知れないなら、私はそんな「本当の大人」を目指してみようと思いました。渡辺先生、今日は本当にありがとうございました！！

追記

渡辺先生のプロフィール欄見て驚きました。Voicyやってるのですねっ。うちのお母さんがVoicyをいつも聞いてて「渡辺先生もVoicyしてるらしいよ！聞いてみたら？」と勧めてみました。そしたら…見事にファンになったそうです笑　学級崩壊したクラスを立て直す回では涙を流したくらいらしいです…！ありがとうございましたー！

1

◎先生方の感想から

「伝説の公開授業」

大阪府枚方市立樟葉小学校　5年1組担任　岡川陽介

2023年2月3日という日は、私にとって一生忘れられない日になった。なんと「花は咲く」こと渡辺道治先生が私の勤める学校に来られて、私の担任するクラスで飛び込み授業をしてくださったのだ。

授業を受けているときの子どもたちのいきいきとした姿、じっくり考え込む表情、終わった後の達成感を心から感じているドヤ顔（笑）。

参観に来られた約100名の先生方の目の輝き、終わった後の職員室の雰囲気。そして、あの体育館を映画館かと錯覚してしまうほどのドラマティックな授業…。

渡辺先生の本気の授業は、見る者すべてをその世界へと誘い、そこにいた人みんなに「学び」と「感動」という大きな財産をもたらした。その興奮が今も胸の奥から湧き上がってくる。

その公開授業の後、凍るように寒い体育館で、その寒さを忘れるほどの熱い熱い2時間の講演が終わり、私は渡辺先生を校長室に案内し、職員室に戻った。

冷え切った体に熱いお茶を一杯と思い、湯呑みを持ってポットのある場所へ向かおうとしたところ…。

教務主任のS先生が足早に私の方に向かってきた。

（ヤベェ…何か書類の出し忘れでもあったかな…？）

頭の中をフル回転させているところに開口一番、

「岡川先生！　どえらいもん見ましたわ！」

目を見開き、顔を真っ赤にして興奮していた。

「ほんま…何て言うんやろ…いや、言葉にできないけど、ほんま…どえらいもんを見ました。それしか言えないです…」

驚いた。普段は冷静沈着で、どんなときも感情を表に出さず淡々とスマートに仕事をこなしていく侍のようなS先生が、これほどまでに取り乱すなんて…。

職員室の周りを見渡しても、たくさんの先生が今回の授業や講演について熱く語り合っている。こんな光景は今まで見たことがなかった。

もう時計は17時を回っている。この日は金曜日。普段なら、みんな華金モードで、そそくさと仕事を片付けて学校を後にする。そんな職員室が、熱気と興奮で満ちていた。

そして、すれ違う先生方みんなが私に、

「先生、ありがとう！」

「ほんまによかった！」

と感謝の言葉をかけてくれる…。私は何もしていないのに…。

でも気分は満足感と充実感でいっぱいだった。同僚のみなさんと「渡辺道治」を共有できたことが本当にうれしかった。

その教務主任のS先生とは、後日も渡辺先生の授業について立ち話をする機会があった。

「あれ以来、僕は子どもたちに『語る』ことを大切にしているんです。今まで教師は極力しゃべらない方がいいと意識して授業をやってきました。でも、教師の思いを、そのときの熱量で語りを通して伝えることも大切だなと、渡辺先生の授業を見て思ったんです」

あの45分は先生たちにも変容をもたらしている。

2年目のT先生は授業の数日後に、こんなことを話してくれた。

「あの授業を見たとき、すごすぎて私は渡辺先生の真似なんてできないと思ったんです。でも、一つだけ真似できることを見つけました。それは〝笑顔〟です。最近叱ってばかりだった自分を反省して、意識して笑顔でいるようにしています。そうしたら、教室の雰囲気もよくなって、子どもたちにも笑顔が増えたんですよ！」

そう語る彼女の表情は本当にいきいきと輝いていた。

尊敬する先輩であるY先生は、授業があった日の夜にわざわざＬＩＮＥをくれた。普段学校ではよくお話をさせてもらうが、個人的に連絡をもらうことなんてめったになかった。そんなY先生からのＬＩＮＥにはこう書かれてあった。

「今日は本当にありがとうございました。あの授業を見て、ここ数年ずっと感じていた、イライラ、モヤモヤがスーッと引いていくのを感じました。授業を見て、講演を聞かせていただいて、何度も涙が出そうになりました。これをしなくちゃいけない、あれをしてはいけない…いろいろあるけれど、私は私らしくやってもいいんだよって渡辺先生に背中を押してもらった気がします。本当にありがとうございました」

真面目で熱心で子ども思いなY先生は、数字などの成果ばかりが求められ、子どもたちの「心の成長」が蔑ろにされがちな昨今の学校を取り巻く状況に、いつも心を痛めていた。そして、責任感の強いY先生は「自分はこれでいいのか」と常に自問自答していた。そんなY先生は渡辺先生の授業や言葉によって救われた。授業や講演を初めて見た人が、ここまで救われる…。それも納得できる授業と講演だった。

公開授業の翌日。まだあの授業の余韻に浸っていた昼下がり、公開授業を見に来ていた教師仲間から「銭湯行こうぜ！」と誘いの連絡が。きっとあの授業の話をしたいのだろうなと思いつつ銭湯へ向かった。予感は的中。私も誰かと話したかったところだったからちょうどよかった。

3人でゆっくりと風呂に浸かりながら、しこたまあの授業について語り合った。「渡辺先生って何者なんだ？」から始まり、「どうやったらあんな授業を思いつくんだ？」「なんで子どもたちの名前を知ってんの？」「あの発問の意図はなんだ？」

銭湯での授業談義は夕方まで続き、3人とも、のぼせ気味で風呂から上がった。風呂から上がり、家に帰ろうとしたとき、またスマホが鳴った。見ると、また授業を参観した別の友人から食事の誘いが。夕方からファミレスでお腹がタポタポになるほどドリンクバーをいただきながら、またこの授業の話ばかりしていた。

そして極めつけは、もう夜もふけて寝ようかというくらいの時間に、またまた別の友人から「今からちょっと出られるか？」って…。

私は半日で3組の友人たちと「渡辺先生の授業」について、「渡辺道治」という男について語り合うことになったのである。

私も含め、あの授業の現場に居合わせた友人たちは、あのときの冷めやらぬ興奮を抑えられず、その気持ちを共有したくなったにちがいない。

そして、しゃべりながら、「もっと知りたい」「もっと深めたい」という気持ちが湧き起こり、おしゃべりを止めることができなかったのだ。

このことからも、あの授業がどれほど、見た人の心を揺さぶり、刺激と感動を与え、「学びたい」という意欲を掻き立てたのかがわかる。

それはもちろん大人だけではない。

子どもたちの心も大きく揺さぶり、影響を与えた。

この飛び込み授業を行うにあたり、本校の全職員が授業を参観できるよう、授業を受ける5年1組以外のクラスは、給食後下校することになった。

子どもたちは口には出さないものの、きっと心の中では、「ええなぁ。早よ帰って遊びたいなぁ」と思っていた子も多いはずである。

しかし、こんな貴重な機会にそんな不満を抱えて授業に向かわせるわけにはいかない。

できるだけ前向きな気持ちで授業に臨んでほしい。そんな思いから、私は頼まれてもいないのに「宿題なし」の約束を子どもたちとした。子どもたちは喜んではいたが、その後、そんなこととは比べ物にならないほどの喜びを感じることとなる。

その日は、渡辺先生と給食を教室で一緒に食べることになっていた。渡辺先生は、教室に入ってくるなり、子どもたちの名前を呼び、コミュニケーションを取り始める。子どもたちは初めて会った先生に自分の名前を呼ばれることに、

「え？　なんで？」

と驚きつつもとてもうれしそうにしており、一瞬で心を奪われたようであった。

その喜びは、いつしか尊敬の念へと変わり、あっという間に渡辺先生の周りに子どもたちの笑顔の輪ができた。この大人は信頼するに値し、何か一緒にいると楽しいことがありそうだという印象をもったようだった。

渡辺先生は給食を早く食べ終わると、教室を出て行った。授業の準備をしに行かれたのかな？と思っていると、渡辺先生はバイオリンを手に再び教室に現れた。

そこから、アニメソングや有名な曲のイントロクイズが始まる。子どもたちも大盛り上がりで、バイオリンの演奏に合わせて踊り出す子まで現れた（笑）。

イントロクイズの後は、ひっきりなしに子どもたちからのリクエストに応え続ける渡

辺先生。教室は食後にバイオリンの生演奏が流れるという何とも優雅な空間となった。

子どもたちの中に、「他のクラスは早く帰れてええなぁ」という気持ちはもう1ミリも残っていないように感じた。

渡辺先生が授業の準備のために体育館に行かれた後も、子どもたちは周りが下校する中でも、不満を抱える様子はなく、貸切の運動場で思いっきりケイドロをして遊んでいた。

こうして、5年1組の子どもたちは、不満どころか、渡辺先生の授業を受けられることへの期待の気持ちいっぱいで、約100人の参観者の待つ体育館へと向かったのである。

約100人の大人に囲まれた子どもたちはさすがに緊張している様子だった。

授業開始まであと5分ほど。渡辺先生は、そんな子どもたちに「名前と年齢当てクイズ」を始めた。

「先生の名前は『み』から始まって『る』で終わるよ！」

「ミチル！」「ミネラル！」「ミカエル！」…どんな答えを言われても、すべて受け止めてユーモアで返す。気がつけば、子どもたちは周りに100人の大人たちがいることも、場所がいつもとちがう体育館であることも忘れてしまったかのように、いつものように盛り上がっていた。

その勢いで授業開始。渡辺先生の問いかけに対して子どもたちの手がどんどん挙がる。教室と同じように自然なつぶやきも生まれる。それも、答えやすい発問から始まり、テンポよく、名前を呼んで当てていくことで授業のリズムが生まれていく。

そして、子どもの発言はすべて受容&驚きや褒めの言葉でリアクション。子どもたちがどんどんノっていくのがわかった。

リズムが生まれ、子どもたちもノってきたところで、少し考えさせる発問を入れる。

「大人になるってどういうことなのでしょう?」

子どもたちは一瞬考え込んだ後、次々と手が挙がる。その姿勢から、周りを気にしている様子はまったくといっていいほど感じられなかった。そんな中でも、時折みんなで声を出す場面や近くの仲間との話し合いをする活動を入れて、全員が主体的に授業に参加できるように工夫もされていたので、子どもたちは常に全員が授業に参加し、常に思考しているように感じた。

コンテンツのつくりにも、音量にも、ものすごくこだわりが見えた。

動画で見せる。静止画に音声だけつける。動画で音を消す。画像の出し方、消し方…

その効果もあって、子どもたちは教材に惹きつけられたままで、授業の世界に完全に入り込んでいた。会場はその話がまるで目の前で起こっているかのような臨場感に包まれていた。

渡辺先生の発する言葉、視線、動き、声のトーン、間、すべてに意図があり、それは確かな知識と技術と経験によって裏付けられているものであり、そのすべてが機能していた。

子どもたちに届く届かないは「材」の良し悪しや、子どもたちの実態に合う合わないもあるけれど、その「届け方の技術」こそが大切なのだと実感した。

「材」の一つがサッカーW杯の森保監督の話であったにも関わらず、サッカーを知らない子でも、W杯を見ていない子でも、思考が止まることなく考えることができる構成になっており、授業を受ける人が一人残らず授業のねらいに向かうことができていた。

それは本当に難しいことだと思う。サッカーが好きな人がどう受け取り、サッカーに興味がない人がどう受け取るか。その両極の気持ちを理解でき、さらにどちらにも伝えたいことが伝えられる…。普段から目の前の相手を本当に大事にされる渡辺先生だからこそできるのだと思った。

森保監督の話だけでも十分授業として成り立っていた。そこで終わるのかと思いきや、また新たな「材」の話へ。そこで出てきたのが、まさかの「天才バカボン」。

感動的な話から、ユーモラスな話へ。

渡辺先生は声のトーンを少し上げて、コミカルにバカボンのワンシーンを紹介する。子どもたちは「うんこ」の話に笑いをこらえる。でも、雰囲気が崩れすぎることはない。「大人？ 子ども？」という思考もずっと続いていた。

あの話を自分がしていたら絶対に前半の話を殺してしまっていたと思う。そこを声のトーンと表情と間で見事にコントロールしていたように感じた。その技術たるや…私の説明できることではない。

技術と言えば、「短く一行で意見を書いたら先生に見せに来る」という手法。

ここでみんなに丸をしながらその子の意見を認め、褒めていく。

子どもたちもわくわくドキドキしながらノートを先生のところへ持って行った。こうして、全体でも個別でも一人ひとりを大切にしている。それが子どもたちにも伝わり、子どもたちも安心して自分の考えを表現することができていた。

このＩＣＴの時代にも、アナログだから生まれる温もり…見ている私の心もポッカポカになった。

私は最近、効率ばかりを考えて、子どもたちに何かを自分のところに持って来させ、丸をするという指導をまったくやらなくなっていた。しかし、この場面を見て、その温もりに感激し、それからはそういう場面をちょくちょくつくるようにしている。

やはり一言でも、一人ひとりに声をかけ、全員とコミュニケーションを取ることは大切であり、子どもたちも、そこで安心したり、うれしそうな表情をしたりと、子どもたちの笑顔を生むことができ、お互いの間に温かい空気が流れることを実感している。

授業の最後は、この授業で考え続けたことを子どもたちがノートに書く活動。

「ノートに書いてごらんなさい」

その言葉の後、一斉に鉛筆が動き出し、体育館には子どもたちが鉛筆を動かす音だけが響いていた…。

こんなクラス全員が先生のひと声で、一斉に顔を落とし、鉛筆から煙が出るほどの勢いで文章を書くという光景は、これまで一緒に過ごしてきて見たことがなかった。書くことが苦手なあの子も、声をかけないと書き始めないあの子も、みんな自分なりに自分の思いを文章にしようとしている。

渡辺先生は、「この姿」をゴールとして、逆向きに授業を設計されたと後で教えてくれた。ここに至るまでの展開がすべてハマった結果、あのような子どもの姿になったのだ。

子どもたちが自分の考えを書き終えたころ、45分の授業も終わりを迎えた。

渡辺先生の子どもたちへの最後の一言。

「素敵な大人になってくださいね」

そのときの子どもたちの瞳はあんなに輝くものなのかというくらいキラキラ輝いていた。

授業終了後、教室に戻ると、子どもたちは落ち着いて自分の席に座り、満足感と充実感でいっぱいの表情で、入ってきた私をみんなが見つめながら私の言葉を待っていた。

それは、まるで卒業式の後の学級会のような雰囲気だった。

あの45分での経験は子どもたちにとって、それほどまでに大きな経験となったことが子どもたちの表情と、子どもたちがつくり出した雰囲気からよくわかった。

帰り際に約束だった「宿題なし」を改めて伝えると…「ふりかえり書かんでいいん？」という声が挙がった。

それに続いて「書きたーい！」という声まで…。

「そう？　じゃあ、ロイロノートに提出箱つくるから書いた人はそこに提出してね！」そうは言ったものの、土日でわざわざタブレットを開いて正式な宿題ではない「ふりかえり」を子どもたちが書くとは予想もしてなかった。

しかし、その日の夜に提出箱を開いてびっくり…。ぎっしりと文字が並んだテキストが提出箱にたくさん提出されていたのだ。

普段は宿題を出すことが苦手なあの子も、今まで見たことがないくらいぎっしりと、授業で感じたことを自分の言葉で書き記している…。

子どもたちは書きたくなったのだ。あの45分が子どもたちにとって、ふりかえりを自ら書きたくなるほどの時間になったのだ。

そこで改めて「渡辺道治」のすごさを実感した。

あの45分を経験した子どもたちは、その後、大きな「自信」を手に入れたようだった。これまで人前で話すことが苦手だった子が、あれを機に手を挙げて発表するようになったり、6年生を送る会や入学式の実行委員に立候補したりと、クラス全体に「自信」が溢れ、それが「挑戦」へとつながっているように感じた。

2月下旬に行った研究授業では、約50名の先生が教室に来て、参観している中でも、学級会の話し合い活動を活発に行うことができた。そこでは、担任である私の出る幕はほとんどないほどに、自分たちで話し合いを進めることができた。

3月に行ったその年「最後の参観」では、自分たちで参観の内容を考え、この1年間の成長を表すための「成長劇場」をすることになった。その「成長劇場」の企画・練習・進行・発表までをすべて自分たちでやり切った。

そこでは、歌が苦手という子がみんなの前で歌をうたったり、自分で作った曲をピアノで演奏したり、仲間と協力して考えた自作のダンスを踊ったり、初めてピアノの演奏やけん玉の大技に挑戦したり、自分の関心のあることをみんなにプレゼンテーションしたり…。みんなの個性がいかんなく発揮され、保護者の方にも大きな驚きと感動を与える参観となった。

この年の1学期、専科の先生にはこんなことを言われたこともあった。

「このクラスは真面目なんやけど、なんか盛り上がりに欠けて、もの足りひんのよなぁ。もっと積極的にできればいいのになぁ」

そんな姿はもうどこにもなかった。

もちろん、この成長は1年間の積み重ねの効果でもあると思うが、あの45分が、子どもたちが大きな自信を手に入れ、挑戦する気持ちを生む大きなきっかけとなったことは間違いない。

さらに、あの45分を経験した子どもたちは、「学びを深めること」の楽しさを知った。渡辺先生の授業では、子どもたちが様々な大人の姿を通しつつも、自分事として「大人とは何か？」を深く考えることができた。そこで、これまで心の中に燻っていた「学ぶことの楽しさ」が一気に花開いたような印象をもっている。あの45分は、子どもたちの「学び方」にも大きな影響を与えた。

このように渡辺先生の授業は、その場にいたみんなに変容をもたらすものだったように感じる。何より私自身は、その授業の技術の奥にある渡辺先生の人としてのあり方に感動し、自分自身のあり方も考え直し、よりよく生きていくためのヒントを与えてもらったような気がしている。

さらに、失礼を承知で書かせてもらうが、この「渡辺道治」という男は本当に不思議な男だ。話しているだけで、生きる力が湧いてくる。どれだけ落ち込んでいる日も、彼の言葉を聞くと不思議と心が前を向くのだ。何がそうさせるのかをいつも考えているが、考えた先に行き着くのは、やはり彼の「あり方」だ。

常に目の前の相手のことを思いやり、その相手の欲する言葉を紡ぎ、その相手と喜びを共有することを自分の喜びと感じている。そんな不思議な男による、とんでもない公開授業をこの目の前で受けられたことは本当に幸せなことだったと心から思っている。

一緒に授業を参観した「さる先生」こと坂本良晶先生は、あの授業を「一斉授業の最高到達点」と評したが、そんなとんでもない授業をこの目の前で、しかも我がクラスの子どもたちにしてもらえたことは、私の一生の思い出となり、私自身がさらに進化するためのきっかけとなった。あそこに居合わせた多くの先生方もきっと同じ思いを感じているることだろう。

2

◎飛び込み授業を研究者の視点で分析する

「渡辺道治先生の授業について」

松山康成
東京学芸大学教育学部講師・元小学校教師

2023年2月3日。当時、小学校教師であった私は、知り合いの先生に誘われて、枚方市立樟葉小学校で行われた公開授業研究会に参加した。私自身、渡辺先生のお名前は存じ上げていたものの、その日が初めてお会いする機会であった。渡辺先生の授業には教師が授業する上で大切な心構え、態度、そして子どもとの相互作用を通して、子どもを授業に引き込む技術が詰まっていた。しかし、授業の魅力が授業教材にあるのか、先生の指導の在り方にあるのか、はたまた言葉では説明のできない何かであるのか。

たしかにすごいのである。

しかし、何がすごいのかについての理解は、授業中では追いつかなかった。授業後に行われた渡辺先生の講義の中で、先生が授業において大切にしていること、子どもとのつながりで大切にしていること、そして子どもと教材をどのようにつなごうとして授業中ふるまわれているのか、また教材を作成しているのか、そのような話を聞くことで、授業における指導の意図や教材選択の理由、そして子どもとの相互作用の根拠がわかるようになってきた。その日はご縁があって、夜の会合もご一緒になり、教育について、授業について語り明かすことができたのは、私の小学校教師の最後の思い出であった。後日、今回このように樟葉小学校での授業について執筆させていただくオファーをいただいたときに、私は教員養成に関わる者として、渡辺先生の姿を再現可能な、普遍なものにしなければならないと思った。

私自身は現在は大学で心理学を専門として教鞭をとっている。小学校教師時代は、授業研究や授業論といったものについては、業務の一環としては取り組んだり考えたりしていたが、それらとは少し距離をとって教師生活を送ってきた。それは授業の理論化の難しさや、授業の展開・内容を教師個人に依拠せずに検討することの難しさを感じていたからである。

しかし、私自身は心理学の一領域である応用行動分析学も研究領域に含めて研究してきた。その中で近年、授業における教師と子どもの姿も、ある一定の理論に基づいて科学的に説明することへの自信をもちつつあった。

●インストラクショナルデザインに基づく授業分析

そこで今回は、応用行動分析学や教育工学、認知心理学などを土台とした科学である、インストラクショナルデザインの考え方に基づいて、特に授業などの他者への教授指導場面において、学習者側の学習に対する意欲を高めるために、教える側が心がける事柄を整理した「ＡＲＣＳモデル（Keller, 1987）」に基づいて渡辺先生の授業を整理したいと思う。

ＡＲＣＳモデルとは、Ａ（注意：Attention）、Ｒ（関連性：Relevance）、Ｃ（自信：Confidence）、Ｓ（満足感：Satisfaction）の４つの側面から構成され、子どもの授業に対する動機づけに関する心理学的研究や実践からの知見を統合したモデルである。

ＡＲＣＳモデルに基づいて子どもたちが授業に入り込んでいく過程を整理すると、まず「この先生は面白そうだ」「なんだかワクワクするような内容だな」という教師や学習に対する注意（A）が授業の導入における第一条件となる。

次に、どんなことを学ぶかを教師が具体的に提示することで、子どもたちは学習内容が何であるかを知り、「自分に必要だな」「やってみる意味がありそう」と思える関連性（R）によって子どもたちを授業へ一気に引き込んでいく。

さらに、その学びやそこで得た知識・判断について子どもたちが「やってわかった」「意味がわかるようになった」と思えることによって自信（C）を得ることができる。

最後に授業でのふりかえりを行ったり、肯定的評価を教師が行ったりすることによって満足感（S）も得ることができるという過程がある（鈴木、1996）。

さらに4つの側面は、それぞれ3つの内容から構成されている（図1）。

図1　ARCSモデル（鈴木（2016）を参考に著者が作成）

面白そうだな
（注意）
目をパッチリ開けさせる
（知覚的喚起）
好奇心を大切にする
（探究心の喚起）
マンネリを避ける
（変化性）
やりがいがありそうだな
（関連性）
子どもの味つけにする
（親しみやすさ）
目標を目指させる
（目的指向性）
授業の過程を楽しませる
（動機との一致）
やればできそうだな
（自信）
ゴールを明示する
（学習欲求）
一歩ずつ確かめて進ませる
（成功の機会）
自分でコントロールさせる
（コントロールの個人化）
やってよかったな
（満足感）
ムダにさせない
（自然な結果）
ほめて認める
（肯定的な結果）
裏切らない
（公平さ）

渡辺先生はこのモデルに沿って授業を計画されたわけではない。しかし、子どもを惹きつけるすばらしい授業は、様々な理論やモデルでも説明できる普遍性がある。ここではＡＲＣＳモデルを取り上げて論を進めるが、その他の理論でももちろん説明可能であることは承知している。

●授業データによる授業・教師・教材の分析

渡辺先生の教師としてのすばらしさには、こういった理論やモデルで説明することが難しい事象ももちろん存在する。子どもとの関わりの回数やその内容、また話し方・口調・トーンを自在に変化させて、子どもに対して具体的に指示およびフィードバックを実施し、授業へ引き込んでいる。特に教師と子どもの相互作用に関するものに、たくさんのすばらしいポイントがあった。

この点についても明らかにするために、授業中における全体への指示と子どもに対するフィードバックについて、授業分析を行った。授業分析は「子ども全員に対する活動を伴う指示」と、「子どもの具体的な行動に対するポジティブフィードバック」の45分中の生起回数の推移（図2）と、毎分の内容について集計した（表1）。「子ども全員に対する活動を伴う指示」は、たとえばAという問いに対して、「そう思う人」「そう思わない人」などと子どもに質問し、〝必ずどちらかに手を挙げること〟と指示することで、全員の反応の機会を授業中に設ける、というものである。

これはＯＴＲ（Opportunities to Respond）と呼ばれ、学習者の学習意欲を高める上で、授業中の教師の指示として重要な要素とされる。授業中に教師が子どもに求める行動が起きやすくなったり、その逆に子どもの不適切な行動が減少したり、そしてその結果として学業成績が向上したりする効果も明らかになっている（Haydon et al., 2012）。

授業では、しばしば学習者の授業離脱が見られる。授業離脱とは、授業が経過することによって、話に集中できなくなったり、内容の理解が追いつかなかったり、またそういったことが複合的な要因となり、授業に参加できなくなってしまう状態のことである。このようなことが生じないように、授業中には一定の間隔でＯＴＲを行うことが求められるのである。

「子どもの具体的な行動に対するポジティブフィードバック」は、こちらも子どもの授業参加行動を高めていく上で特に効果があるとされる（Gage & MacSuga-Gage, 2017）。ただフィードバックするのではなく、「○○さん、ノートに丁寧に書くことがで

図2　本授業におけるOTRとBSPの推移

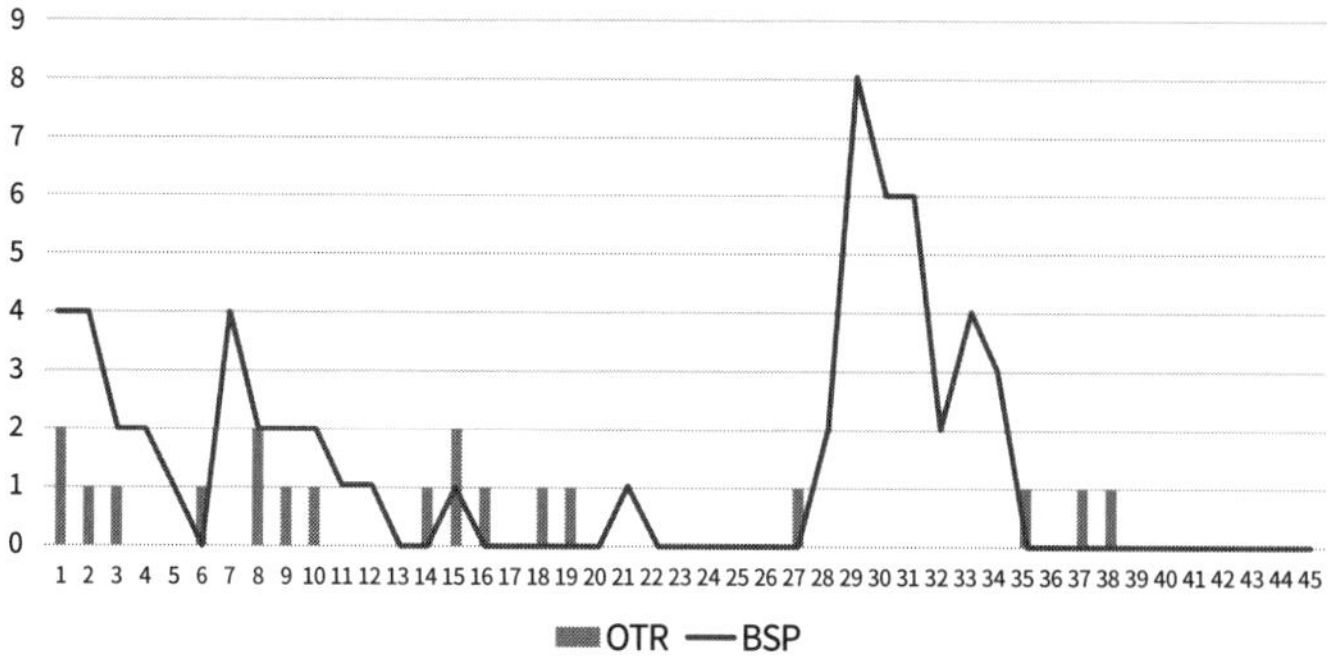

きているね」と子どもが行った望ましい行動を具体的に述べながらフィードバックする方が、授業参加率が上昇することが明らかとなっており（Chalk & Bizo, 2007）、これはBSP（Behavior Specific Praise）とも呼ばれる。子どもの授業参加を促進するためには、このBSPを10分間に4～7回行うことが理想と言われており、子どもの不適切な行動に対する注意や叱責より4倍の回数を行うことが理想とされている（Sutherland et al., 2002）。

公開された研究授業であること、そして外部から招聘された教師による授業であることもあり、子どもたちは積極的に授業参加をしていた。

しかし、その要因が「公開授業だから」「渡辺先生だから」と場面や状況、人に依拠してしまっては、再現性なき授業になってしまう。

OTR内容（一部）
を書きます、みんなで先生の名前を言ってみよう
とは違う子どもの特徴って、何がありますか？ノートに思いつく限り書いてごらんなさい。(3つかけたら立って発表してごらん→すべてを繰り返
応する)
ども の特徴を）反対にしたらどうなるかみんなで読んでみるね
歳から大人だと思う？、どれが大人と子どもと分けられると思う？せーの
が伸びていたら、
校3年生で成人式を迎える人を大人だと思う人？子どもだと思う人？、手を挙げるよ、ちょっと近くの人と言い合って、大人か子どもかを発表させ
式後の非行する人について、大人か子どもか（大人だと思う人、子どもだと思う人）(必ずどちらかに挙げさせる)
いたいことがありそうだね、近くの人と言い合ってみて、10秒くらい
人たちが大人だと思う人？
人になる」とはどういうこと？をノートに書かせる
督や選手たちは大人？子ども？
なで言ってみよう「ドーハの悲劇」
泣いている選手たちは大人か、子どもですか？「大人だと思う人」
た選手たちを非難する人を、大人だと思う人？子どもだと思う人？
人になる」とはどういうことなんでしょう。ノートに1行で書いてください
で大人だと思ったか、理由を長く書いてみて
紙だけで、大人っぽいか？子どもっぽいか？
身を見てみて、大人？子ども？
塚不二夫さんは大人？子ども？

表1 本授業における毎分の授業内容とBSP・OTRの内容と回数

分	BSP回数	OTR回数	授業内容（概説）	BSP内容（一部）
1	3	3	ノート、節分	早い、一番、きれいに書けてる
2	4	1	先生の名前を覚えよう、人を2つに分けると	ちゃんと先生、ありがとうございます、面白いな
3	2	1	大人とは違う子どもの特徴は	早いな○さん、かしこい証拠だぞ
4	4	0	ノート	いい答えだな、このクラスたくさん出るな
5	1	0	発表	面白いな
6	0	1	子どもの特徴	
7	4	0		
8	2	3	成人年齢	おいなんか勉強しているなー ちゃんと口々に言えるね、このクラスは
9	1	0	18歳成人の特徴	勉強したんだー
10	0	3	高校生の成人式	
11	3	0	大人だと思う理由	拍手が出るなー（直後、拍手が増える→この拍手は賛成の意 かな）、すごい深く考えているね
12	1	0	子どもだと思う理由	このクラスは深く考えることができるなー
13	0	0	成人式の様子、成人の非行	
14	0	1	大人か子どもか	
15	0	0		
16	1	1	「大人になる」とはどういうこと？	早いな書き始めるのが
17	0	1	ワールドカップ	
18	0	1		
19	0	1	よく泣いている選手たちは大人か、子どもか	
20	0	0	今年のワールドカップの成績	
21	0	1	負けた選手たちを非難する人は、大人か、子どもか	
22	0	1	手のひら返し	
23	0	0	円陣の言葉かけ	
24	0	0	ロッカーのシーン	
25	0	0		
26	0	0		
27	0	1	「大人になる」とはどういうこと？	
28	3	0	一行書けたら前に持ってくる	早いねー、おーいい言葉だねー
29	7	1		あー責任って言葉をつかったんだねー、おーたくさんの感情を知 ている人ねー、このクラスすごいなー、すっごいね詳しく書けたね 相応しいって言葉先生好きだな、涙を流しても大人だっていう人 いるんだ、気持ちってキーワードはじめて出た、感謝かぁ
30	6	0		なるほどね！うんうんあなたの気持ちがよく伝わる、一言が書 たシンプルおもしろい、いいねーこのクラスたくさん出るなー、 いねー教室に飾ってあったねこの詩がね、この人だね、はい 気ねいい言葉だな、
31	6	0		大きくなるって…、これはおもしろい、お！これが大人だってこ なんだね、これすごいね、何事に持って言葉が素晴らしい、た の考えじゃないんだね、5年1組すごいなー、
32	5	0		自分じゃないんだ、あなたはさっきからずっとそれを言ってたもんね 貫してるね、さらにいい意見になったね、もうこんなに書けている がいる、
33	4	0		いつもこんなに書けるんですか、鉛筆が止まらなくて驚いていま 先生、自分の考えもいいし友だちの考えも見ていいよ
34	3	0		すごいな、まだ書ける、ビックリしました、
35	0	1	大人を作品を通して考える	
36	0	0	バカボンの内容	
37	0	1	赤塚不二夫	
38	0	1	家族旅行	
39	0	0	娘さんの話	
40	0	0	母がなくなる話	
41	0	0		
42	0	0		
43	0	0		
44	0	1	「大人になる」とはどういうこと？	
45	0	0		

今回取り上げてデータ収集したOTRとBSPは、子どもの授業参加を促す上で重要な教師の指導行動であり、これらがどのようなタイミングとボリュームで行われているかを明らかにすることで、教師として渡辺先生が子どもたちとの相互作用の中でどのようなことを大切にされているか、またどのようなことを大切にすることが教師の授業の技術に必要なのかを説明したい。

①Ａ（注意：Attention）
―事前の子ども理解と積極的な関わりによって授業への「注意」を促す―

渡辺先生は子どもとの関係構築を重視されていた。子どもの名前・特性・特技など、子どもたちのパーソナリティをできるだけ会得してから子どもと向き合うことを大事にされていた。これは、授業に対して自ら学ぼうとする子どもたちの意欲を高め、子どもたちが授業を「魅力あるもの」と認知するためのＡＲＣＳモデルにおける注意（Ａ）において、重要なファーストステップである。

１分あたりのＯＴＲ回数の推移から、渡辺先生は、授業開始時は比較的高頻度で全員に対する指示や子どもの反応の機会を設けているが、これは子どもの授業への「知覚的喚起」を高めるための工夫として行われたと考えている。

渡辺先生は節分の話題を通して「豆は？」「撒いたの？」と全員を対象として応答を繰り返した。このように全員が参画できるＯＴＲを行うことで、授業への参加を必然にしていく手続きを取っているように見受けられた。ＯＴＲは、ただ子どもと教師のコミュニケーションだけでなく、授業中に繰り返し行われた「体を動かそう」「姿勢を正そう」

という子どもへの指示によるものも行われた。これにより、着席が基本であった授業ではあるものの、体の動きを通して教師の言葉への注意が促進されていた。

授業開始時は子どもと教師の言葉のキャッチボールが早いペースで行われたが、授業の中盤からは内容を深めていく部分に入ったこともあり、そのペースが緩やかなものとなった。これは意図してそのようになるように教材も作成していると思われる。授業開始時は「人を大きく2つに分けると何と何?」や「大人と子どもの特徴って何がある?」などのように2つの選択から考えるという容易な内容で、全員が参加しやすく「探求心の喚起」に配慮されたものであった。

しかし、事例に入り子どもたちの思考が深まったときは、ほとんどOTR的な指示は行われず、子どもたちの思考の邪魔にならないよう必要最低限の指示に徹していた。このように授業の中に関わりのリズムをもつことで、子どもの注意を引いたり、授業に入り込ませたりするというのが渡辺先生の授業の魅力の一つだと考えられる。

また、1分あたりのBSP回数の推移から、授業開始後の15分間で計25回のBSPが行われており、授業開始後すぐ、「日付を書きましょう」という指示の後、すぐに「○○さん書けたかー」「○○さんきれいに書けているね」などと名前を呼びながら巡回した。このようにBSPを心がけて子どもに関わることで、子どもは「自分の行動に注目されている」と思うと同時に、教師に対してよい印象を抱いたり、話を聞く意識をもちやすくなったりすることが期待できる。

また、このような関わりは子どもと教師の間に少なからず存在している心理的な障壁の解消にも役立つため、距離は一気に縮まる。これから始まる授業に対する子どもの注意を向けることも期待できるであろう。

今回の授業は大きく分けると3つの内容で構成される。1つ目が「成人式」、2つ目が「サッカーワールドカップ」、そして3つ目が「バカボン」である。これら3つは授業の「変化性」として子どもたちの注意を惹きつける上で非常に有効であった。また、この3つに通ずる問いである「『大人になる』とはどういうこと?」は、画面で表示される様々な大人の姿と自分の思考の対比を通して、授業を魅力的に感じる大きな要素であっただろう。

②R（関連性：Relevance）

―身近な話題を通して「関連性」を意識づける―

今回の授業内容は、大人と子どもの比較であり、子どもたちにとって、関連性を意識しやすいものであった。日頃接している大人と、自分たち子どもとの比較は、この授業の中で子どもたちを惹きつける最大の魅力であり、授業に対する「親しみやすさ」を抱きやすいものであっただろう。

このような飛び込み授業の際は、なるべく子どもが関連性を抱きやすい、意識しやすい授業を心がけることが有効と考えられるが、今回のテーマ設定というのはまさにそれに対しても的を射たものであった。今回の授業で言えば、子どもがお父さんやお母さん、またはおじいちゃんやおばあちゃんなど、身近な大人をイメージすることで授業への興味をもちやすかったこともよかった。

本授業の中で一貫した問いであった「『大人になる』とはどういうこと？」という提示も、子どもたちにとっては親しみをもちやすく、さらには5年生の子どもたちにとっては、これから自分たちが迎える世界であり、誰もが考えなければならない問いであることから、「目的指向性」も子どもたちが自覚しやすいものであっただろう。

これらは教材作成の段階から、子どもたちとの関連性も考慮しておくことの重要性を示していると言える。渡辺先生は関連性を意識しにくい内容については、その内容に対して理解できるよう丁寧にしっかりと説明が行われ、その配慮も心がけていた。今回の授業ではサッカーワールドカップやバカボンは、子どもによっては関心や興味をもっていないことも考えられる。もちろん渡辺先生はそのことも想定しており、それに対しての配慮として、十分な説明を行われたことが印象的であった。

また、ここでは事前の子ども理解が有効に作用しており、サッカー好きの子どもに対して指名したり、面白いことが好きな子に対して指名したりしていた。この授業の準備段階から関連性を意識して子ども理解を進めておくこと、さらに授業中も子どもたちのパーソナリティを考えて関連性を意識づけるような展開、ペース配分、リズムで展開すること、そういったところに渡辺先生の授業力が表れているのであろう。

今回の授業の3つの内容を、どのように紡いでいくのか、そしてそのつなぎの内容はどのようなものにしていくのかということを教材開発の段階で検討することは、極めて難しい。しかも、今回のように飛び込みでの授業、初めての子どもたちとの授業といった場面ではさらに難しいことは容易に想像できる。特に、「成人式」と「サッカーワールドカップ」、そして「バカボン」との間にどのように子どもに発話するのかということは、本授業に対する子どもたちの「動機との一致」を高める上で非常に重要になるだろう。

まず、「成人式」の後に渡辺先生は「この大人だけでは判断しにくいでしょう」「今日はいろんな大人を見ながら（大人とは）どうなのかってことを考えていこうね」などと、次の話題への架け橋、そして今回の授業展開に対して展望を子どもたちがもてるように仕掛けた言葉を発している。

また「サッカーワールドカップ」から「バカボン」に渡る場面では、大人という言葉が人だけではなく、物などにも用いられるという言葉を発している。このような言葉の一つひとつは、子どもが授業の過程さえも楽しむことができる工夫であり、それはARCSモデルにおける注意にも自信にも、そして満足感にも影響を及ぼすものであった。しばしば教師は、淡々と授業を進めていくことがあるが、このような端々における教師の言葉かけこそが、授業においては重要なのである。さらにこの言葉は（おそらくであるが）、事前に考えられたものに加えて、子どもたちの状況に合わせて即座にアレンジされていると思われる。このような即興性を実現する授業中の観察眼、また教材解釈を教師としては養っていきたい。

③C（自信：Confidence）

―細やかなフィードバックと授業での積み上げによって子どもの「自信」を高める―

子どもたちに自信をつけるフィードバックの方法・手続きにおいても渡辺先生はすばらしい。この授業における子どもの自信は大きく分けて3つある。1つ目は「子どもが教師と関わる上での自信」、2つ目は「子どもが授業に参加する上での自信」、そして3つ目は「子どもが授業で学びを獲得する上での自信」である。

渡辺先生はそれらの自信を授業のタイミングに応じて弁別しながら、また子どもの実態に応じて様々なフィードバックのバリエーションを織り交ぜながら丁寧に高められていた。

1つ目の「子どもが教師と関わる上での自信」をつけるために、前述したように渡辺先生は事前にすべての子どもの名前を把握され、名前を呼びながらフィードバックができるようにされていた。

子どもの自信を妨げる要因の一つに不信・不安がある。今行われている学びは信じられるものなのか、目の前に立つ教師は信じられる人なのか、という子どもの気持ちである。こういった不安な気持ちにさせないためにも、子どもと個別的に関わりをもち、子どもが授業に対して、そして教師に対して関わる自信をもたせることが、授業においては重要である。

２つ目の「子どもが授業に参加する上での自信」をつけるために、ぶれない中心発問として「『大人になる』とはどういうこと？」という問いの設定が、関連性だけでなく「学習欲求」を満たす上でも重要なゴールの明示としても機能していた。

さらに授業の３つの内容のそれぞれの最後には、自分の考えをノートに記述させて学びを一つずつ確かめる機会を必ず設けていた。

加えて、授業が終始スライドで行われたことによって、視覚的にも内容が確認しやすく、指示も再確認する機会が与えられていた。動画や音声などのコンテンツも充実しており、道徳の授業でしばしば見られる「読み物教材読解からの離脱」「思考の離脱」が起きにくい配慮が授業の端々になされていた。

３つ目の「子どもが授業で学びを獲得する上での自信」をつけることができた一番の機会は、「サッカーワールドカップ」の場面の後に、「ノートに１行で大人になるとはこういうことだ」「こういうのが大人だというのを書いてください」「ノートを持って、書けたら来て」と指示をされた場面であった。この場面ではＢＳＰが毎分４回以上を記録し、子ども一人ひとりのノートを確認してペンを入れながら、「おぉー、たくさんの感情を知っている人ね」「お！　感謝かー。新しい視点」などと個別にフィードバックが行われた。この場面では全員のノートを確認することで、全員の「成功の機会」を実現していた。

この場面では、渡辺先生に指示された子どもは、前に用意された黒板に1行で自分の考えを書き入れるという活動が行われた。ここでは全員がノートを前に持ってきていたが、全員が黒板に書き入れることは状況的に難しいものであった。そこで渡辺先生は黒板の前が混み合ってきたところで、ノートの内容に対して肯定的な意見を伝えながら「理由を書いてみて」と指示をした。また、黒板に書き入れた子どもには「なんでそれが大人だったと思ったのか、理由をノートに書いてごらん」「今度は長く書いてみて。どれだけ長く書けるかチャレンジ！」と声かけをした。

このような一見形式的な教育実践であっても、子どもの活動における様々な状況に応じて指示を出したり、どの子どもも活動に向き合えるように言葉かけを行う重要性を、渡辺先生は我々に示してくれた。

④S（満足感：Satisfaction）

―教師・授業・仲間・教材、すべてから得られる「満足感」―

ここまで述べてきたように、今回の授業はまさに子どもにとっても、我々参観者にとっても「満足感」を実感することができた。参観していて、おそらく誰もが実感した一番の満足感は、「まだ15分か」「まだ30分か」という時間的感覚に対するものではないだろうか。

つまり「これだけの内容だったらこれくらいの時間だろう」という一般的な教師が抱く時間的感覚のおおよそ2倍から3倍の速さで授業を体感することができた。

それは、それだけ濃い内容であった証でもある。授業開始当初、また授業開始前の給食時間との関わり（渡辺先生は子どもたちと授業開始前の給食時間から交流し、一緒に給食を食べていた）を通した渡辺先生という存在に対しての満足感。そして授業展開と成人式、ワールドカップ、バカボンという内容、そして各内容で行われたノートを通しての学びが確認されたことによる授業に対する満足感。さらには全体発表や交流、黒板への言葉の記述を通して子ども自身が仲間の思考の変化に触れ合えたことで実感できる満足感。さらにワールドカップやバカボンといった選び抜かれた「大人」の姿が示された教材から得られる満足感。この4つの満足感を子どもたち、そして参観した私たちは実感することができた。

渡辺先生の子どもに対する言葉かけで、特に気になった言葉があった。それは「～を書きます」などの短くてキッパリとした指示の言葉であった。私自身が教師時代には「やりなさい」「しなさい」といった言葉ではなく、「やりましょう」「しましょう」という比較的やわらかな言葉かけをしていた。これは私が学生時代に教師から断定的にキッパリと指示されることに対して、嫌悪感があったことからだった。この言葉の真意を授業後に渡辺先生に伺ったところ、大村はまさんの言葉を受けて、そのように言葉をかけるようにされているとのことだった。

教室は、「やってごらん」という場所ではないからです。それをやらしてしまう場所だからです。「もっとよく読んでみなさい」「詳しく読んでごらん」、そういう場所ではなくて、ついつい詳しく読んでいた——そういう自覚もないぐらいに——詳しく読む必要があるのでしたら、その場で詳しく読むという経験そのものをさせてしまうところです。

「読みかたが粗い、まだ詳しく読んでないではないか」、そういうことをいう場所ではない。それでは何にも魅力を生まず、ありがたい場所でもない。

それは、おとなに向かって言うことであって、子どもというのは、これからどんなにか成長するのですが、いまは子どもです。

ですから、学習そのものを、やらせてしまわないとだめだと思います。

大村はま(1988)

これは、この授業を「裏切らせない」という教師の子どもに対する信念なのだと感じた。今出す指示に対しての責任、学びに対する責任というものを教師がすべて背負う。その上で指示は言い切る。ゆえに子どもの授業に対する学びを約束することができる。渡辺先生の話を聞いてそういうものなのではないかと考えることができた。

すべてを知れたわけではないが、おそらく渡辺先生はたくさんの学びから得られた知見を授業で存分に発揮されておられるのではないかと思う。しかもその学びは、自分主体ではなく、子ども主体なのである。つまり自分自身が教師として、子どもと向き合う上で大切なことを見極められて、学び続けられておられるのだろう。

〈参考文献〉

Chalk、K.、& Bizo、L. A.（2007）. Specific praise improves on - task behaviour and numeracy enjoyment: A study of year four pupils engaged in the numeracy hour. Educational psychology in Practice、20（4）、335-351.

Gage、N. A.、& MacSuga-Gage、A. S.（2017）. Salient classroom management skills: Finding the most effective skills to increase student engagement and decrease disruptions. Report on emotional & behavioral disorders in youth、17（1）、13-18.

Haydon、T.、Macsuga-Gage、A. S.、Simonsen、B.、& Hawkins、R.（2012）. Opportunities to respond: A key component of effective instruction. Beyond Behavior、22（1）、23-31.

鈴木克明（監修）（２０１６）インストラクショナルデザインの道具箱１０１ 北大路書房

鈴木克明（１９９５）「魅力ある教材」設計・開発の枠組みについて：ＡＲＣＳ 動機づけモデルを中心に. 教育メディア研究、1（1）、50–61.

Keller, J. M.（1987）. Development and use of the ARCS model of instructional design. Journal of instructional development, 10(3), 2-10.

大村はま（１９８８）. 教室に魅力を 国土社

Sutherland, K. S., Wehby, J. H., & Yoder, P. J.（2002）. Examination of the relationship between teacher praise and opportunities for students with EBD to respond to academic requests. Journal of Emotional and Behavioral Disorders, 10(1), 5-13.

◎渡し手の意図ではなく受け手の解釈がすべて

「このような意図で授業を行いました」と授業者が授業の目論見について語ることがあります。その弁には、授業者が自身の授業を改善することにつながるなど、一定の意味もあるでしょう。

私も本書の中で、どのような意図で飛び込み授業を行ったかについて、相当な分量で掘り下げて書いてきました。

一方で、やや極端な見方をすれば、そのような授業者（渡し手）の意図には、毛筋ほども価値がないとも見ることができます。

なぜなら、授業の価値を突き詰めて考えるならば、それは「受け手にどのような学びがもたらされたか」の一点に集約されると考えるからです。

そういった意味で、私が今回行った飛び込み授業の価値は、この第5章にすべて詰まっていると言っても過言ではありません。

岡川先生や松山先生、そして5年1組の言葉の中に、「たった1時間の授業」がもつ大きな可能性を改めて見せてもらった気がします。

おわりに

今年の夏は、北は北海道から南は沖縄まで、全国各地で講演会を行いました。

その講演行脚の内の一か所、香川県のある教会に招かれたときのことです。

高松空港に私が到着すると、すでに教会からの迎えの方々が来られていました。

十年振りに来る高松の街を眺めながら目的地へと車で向かっている途中で、

「講演開始まで時間がありますので、もしよければうどんを召し上がりませんか？」

とお迎えに来られた方々からうれしいお誘いがありました。

「うどん県」とも呼ばれる香川県、そしてそのメッカとも言える高松市内には７００～８００程のうどん店がしのぎを削っているそうです。

その中でも、地元の方が特におすすめしているお店に行くこととなりました。

到着して、唖然としました。

決して綺麗とは言えない店構えの軒先には、開店前から既に長蛇の列が。

駐車場も満杯です。

そして、停めてあるそれぞれの車のナンバーを見てさらに驚きました。「山口」「横浜」「鹿児島」など県外のそれも遠方からたくさんのお客さんが来られていたからです。「一体どんなうどんが出てくるのか」と私は期待を最高潮に高めた上で、そのうどんを一口すすりました。

衝撃でした。

私が高めに高めた期待のさらに上を行く、まさに異次元のうまさ。

間違いなく、これまでに食べたうどんの中で最もおいしいと断言できる至高の一杯でした。

そのうどんを食べながら、一体この一杯のうどんの中にはどれだけの「技」が詰まっているのかを想像してみました。およそ素人では考えもつかないほどの技術や工夫や歴史が凝縮していることは間違いありません。

何度も試行錯誤を繰り返し、知識と経験を蓄えながら、日々腕を磨き続けてきたからこそ、この珠玉の一杯が生まれるのだと思いました。

そして、それだけ磨いた技の元に、全国各地からたくさんの人が集まってきているのです。それも1000㎞以上も離れた遠方から。

「一杯のうどん」の中に広がるけた違いの可能性と未来を感じながら、私は改めて「一時間の授業」の可能性についても考えてみたのです。

たった一時間の授業。

たった一度きりの出会い。

そのわずかな学びのチャンスの中にも、無限の可能性や未来が詰まっていることを、私は全国の子どもたちから幾度も教えてもらいました。

そして、その飛び込み授業の場で出会った縁が一つ、また一つと繋がり、広がっていく中から本書は生まれました。

たった一時間の授業に、大勢の先生方が全国各地から詰めかけるようになったり、学びを得た子どもたちが次々と意欲的に動き始めたり、信じられないような出来事が起きてきた背景には、数多の試行錯誤や工夫の歴史があったことが、ここまで読み進めてくださった皆さんならきっとわかるはずです。

私は、これからも腕を磨きます。

そして、たった一時間の授業の中に広がる大きな可能性を追求し続けていきたいと思います。

本書を書くにあたり、取り分け大きな力を貸してくださった岡川陽介先生、松山康成先生に、あらためてお礼申し上げます。お二人と、飛び込み授業を終えた後に語らえたあの夜のひと時は、私の教師人生におけるかけがえのない宝物です。

そして、大阪府枚方市立樟葉小学校の皆さんをはじめ、全国の様々な場所で飛び込み授業を受けてくれた大勢の子どもたちにも改めて「ありがとう」の言葉を贈りたいと思います。

「一度きりの人生」という言葉があるように、授業もいつも「一度きり」です。

同じ授業は、二度と生まれることがありません。

一期一会の授業の学びの可能性が、本書をお読みになった貴方の元でも豊かに広がっていきますように。

2023年10月22日

秋深まる愛知の自宅にて。飛び込み授業を参観した群馬からの客人を待ちながら。

渡辺道治

『授業を研ぐ』ダウンロード資料について

本書「授業を研ぐ」の第1章に収録されている授業は動画で視聴できます。東洋館出版社ホームページ内にある「マイページ」からダウンロードすることができます。なお、会員登録（無料）および下記に記載されたパスワードが必要になります。以下の手順で、ダウンロードしてください。

❶ 東洋館出版社オンライン（https://www.toyokan.co.jp）へアクセスし、会員登録済みの方はメールアドレスとパスワードを入力後「ログイン」する。

❷ 会員登録がまだの方は、「アカウントを作成する」をクリックし、必須項目を入力する。

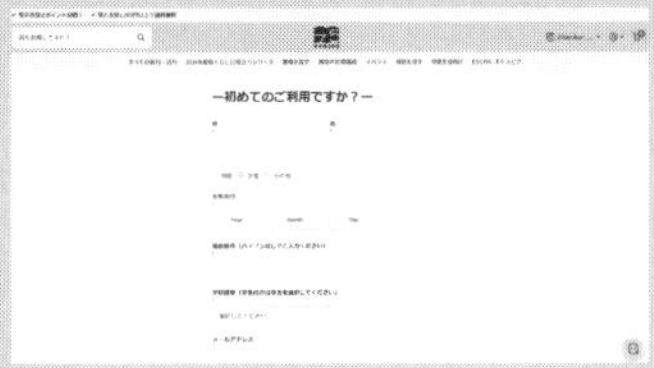

❸「ダウンロードページ」をクリックする。

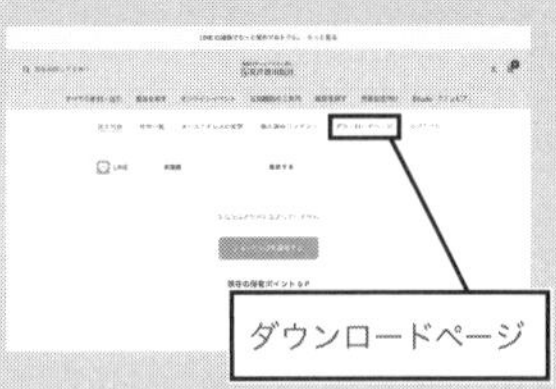

❹ 本書をクリックし、下記のユーザー名、パスワードを入力する。

ユーザー名　premium
パスワード　hanahasaku

■注意点および著作権について
- リンク先にはパソコンからアクセスしてください。スマートフォンではファイルが開けないおそれがあります。
- PDFファイルを開くためには、Adobe AcrobatまたはAdobe Readerがインストールされている必要があります。
- 著作権法での例外規定を除き、無断で複製することは法律で禁じられています。
- 収録されているファイルは、営利目的であるか否かにかかわらず、第三者への譲渡、貸与、販売、頒布、インターネット上での公開等を禁じます。
- ただし、購入者が学校で必要枚数を児童に配付する場合は、この限りではありません。ご使用の際、クレジットの表示や個別の使用許諾申請等の必要はありません。

■免責事項・お問い合わせについて
- ファイル使用で生じた損害、障害、被害、その他いかなる事態についても弊社は一切の責任を負いかねます。
- お問い合わせは、次のメールアドレスでのみ受け付けます。tyk@toyokan.co.jp
- パソコンやアプリケーションソフトの操作方法については、各製造元にお問い合わせください。

渡辺道治

2006年北海道教育大学卒。同年より奈良県天理小学校にて勤務。2013年JICA教師海外研修にてカンボジアを訪問。2016年グローバル教育コンクール特別賞受賞。2017年北海道札幌市公立小学校にて勤務。国際理解教育論文にて東京海上日動より表彰。2019年ユネスコ中国政府招へいプログラムにて訪中。JICAの要請・支援を受けSDGs教材開発事業としてラオス・ベトナムを訪問。初等教育算数能力向上プロジェクト（PAAME）にてセネガルの教育支援に携わる。2022年から愛知県における新設私立小学校にて勤務。2023年からはアメリカ・ダラスにある学校「Japanese School of Dallas」の学習指導アドバイザーに就任。著書は『教師の対話力』（学陽書房）、『学習指導の「足並みバイアス」を乗り越える』『生徒指導の「足並みバイアス」を乗り越える』（学事出版）、『汗かけ恥かけ文をかけ。』『心を育てる語り』『BBQ型学級経営』（東洋館出版社）など多数。

授業を研ぐ
飛び込み授業から考える
教師の力の磨き方

2023（令和5）年11月30日　初版第1刷発行
2024（令和6）年 1月22日　初版第2刷発行

著　　者：渡辺道治
発 行 者：錦織圭之介
発 行 所：株式会社　東洋館出版社
〒101-0054　東京都千代田区神田錦町 2-9-1
コンフォール安田ビル２階
代表　TEL：03-6778-4343　FAX：03-5281-8091
営業部　TEL：03-6778-7278　FAX：03-5281-8092
振替　00180-7-96823
URL　https://www.toyokan.co.jp

［デザイン］：木下悠
［組　　版］：株式会社ダイヤモンド・グラフィック社
［印刷・製本］：株式会社ダイヤモンド・グラフィック社

ISBN 978-4-491-05428-5　　Printed in Japan